# Fußreflexzonen-massage

## Die einfache Selbstbehandlung

Wohltuende Massagen mit sanftem Fingerdruck.

Die häufigsten Beschwerden wirkungsvoll selbst behandeln.

SÜDWEST

# Inhalt

*Fußreflexzonenmassage – Entspannung und Wohltat.*

# Fundamental – die Füße

Unsere Füße sind ständig in Bewegung. Selbst wenn wir nicht gehen, rennen oder Treppen steigen, sondern still stehen oder still sitzen, gleichen unsere Füße beständig die winzigen Verlagerungen unserer Wirbelsäule aus, indem sie einmal mehr den Fußballen, die Ferse, oder die Innen- oder Außenkanten belasten. So sorgen sie dafür, dass unser Körper im Gleichgewicht bleibt, selbst wenn sich die Körperachse, die Wirbelsäule, verschiebt. Unsere Füße sind einer immensen Belastung ausgesetzt: Nach einem Spaziergang von ungefähr zwei Kilometern haben die Füße eines normalgewichtigen Menschen insgesamt 250 Tonnen bewegt.

### Die Anatomie unserer Füße

Dafür, dass sie für unsere Standfestigkeit sorgen, widmen wir den Füßen viel zu wenig Aufmerksamkeit: Wir zwängen sie in spitzes Schuhwerk mit hohen Absätzen und erlaufen uns so Hühneraugen, Krallen- und Hammerzehen oder auch verkürzte Achillessehnen. Wir wissen oft nicht einmal, wie diese Gliedmaßen aufgebaut sind, die uns durchs Leben tragen.

Anatomisch teilen sich die Füße in drei Bereiche: Vorfuß, Mittelfuß und Ferse. Den Vorfuß bilden die fünf Zehen. Die große Zehe ist aus zwei Zehengliedern, alle anderen Zehen sind aus drei Zehengliedern, den Grund-, Mittel- und Nagelgliedern, aufgebaut. An den Zehengrundgelenken oder Zehenballen sind die Zehen mit den fünf Mittelfußknochen, den ossa metatarsalia, verbunden. Diese bilden auf der Fußoberseite den Rist (auch Spann genannt), auf der Fußunterseite das Fußgewölbe. Nach hinten werden sie durch die drei Keilbeine, das Würfelbein und das Kahnbein begrenzt. Über die Fersenregion wird der Fuß mit dem Unterschenkel verbunden: Die Ferse besteht aus dem Fersenbein und dem Sprungbein an der Fußinnenseite. Auf dem Fersenbein und dem ersten, vierten und fünften Mittelfußkopf ruht im Stehen das ganze Körpergewicht. Das Fußskelett ist als Ganzes einer Gewölbekonstruktion vergleichbar: Zwischen Ferse und Großzehenballen verläuft der Bogen des inneren Längsgewölbes, zwischen Ferse und Kleinzehenballen der flachere Bogen des äußeren Längsgewölbes. Das Quergewölbe bilden die Mittelfußknochen. 27 Muskeln sorgen dafür, dass sich diese Gewölbekonstruktion aus 26 Knochen, die durch 33 Gelenke miteinander verbunden sind, bewegt. Bänder verspannen diese Muskeln, Knochen und Gelenke zu einer in sich extrem beweglichen, anpassungsfähigen und dennoch sehr stabilen Einheit.

Über dem Fersenbein liegen Innen- und Außenknöchel. Durch das obere und das untere Sprunggelenk ist der Fuß mit dem Unterschenkel beweglich verbunden. Das obere Sprunggelenk, welches das Heben und Senken des Fußes ermöglicht, liegt zwischen Schienbein, Wadenbein und Sprungbein. Das untere Sprunggelenk liegt zwischen Sprungbein, Fersenbein und Kahnbein. Es ermöglicht das Heben und Senken von Fußinnenseite und Fußaußenkante.

## Das Nervensystem unserer Füße

Unsere Füße sind nicht nur Instrumente zur Fortbewegung unseres Körpers, sondern lebendige, höchst sensible Organe, die vielfältige Aufgaben erfüllen, insbesondere arbeiten sie in der »Aufklärung«. Sie werden von einem dichten Nervengeflecht durchzogen. Dieses sendet beständig Informationen über Bodenbeschaffenheit, Gleichgewichtsverhalten, Fußwölbung und Belastung der Fußsohle zum Rückenmark und zum zentralen Nervensystem. Früher, als wir noch barfuß gingen, waren diese Signale der Fußsohle für das Überleben des Menschen maßgeblich. Fußsohlen, Fußinnenseiten, Fußaußenkanten und Fußrücken werden von mehreren großen Nervensträngen versorgt: Einer davon zweigt vom

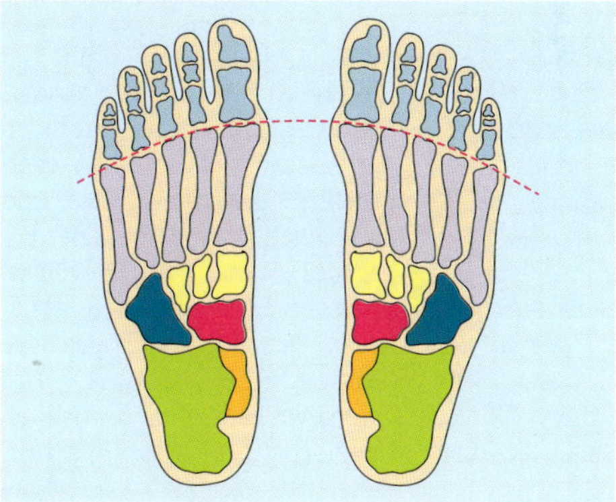

*Die Anatomie der Füße: Grund-, Mittel- und Nagelglieder (hellblau); Mittelfußknochen (lila); Keilbeine (gelb); Würfelbein (blau); Kahnbein (violett); Sprungbein (orange); Fersenbein (grün)*

Lendennervengeflecht ab und läuft durch den Nervus femoralis in den Schenkeln hinunter zu den Fußaußenseiten. Der vom Ischiasnerv abzweigende Nervus tibialis versorgt die Fußsohle. Der Fußrücken wird vom Nervus peronaeus communis versorgt, die Fußinnenseite vom Nervus saphenus. Jeder dieser Nervenhauptstränge verzweigt sich wiederum weiter in immer kleinere Nervenbahnen. An den Enden der haarfeinen Nervenfasern sitzen die Rezeptoren. Sie leiten die auf den Fuß auftreffenden mechanischen Reize wie beispielsweise Temperatur, Druck, Reibung und Berührung über das Zentralnervensystem zum Gehirn weiter. Wenn sie dort decodiert werden, weiß der Mensch, »wo er steht«.

## Die Fußreflexzonen

Nicht nur über die verschiedenen Nervenleitbahnen des Nervensystems sind die Füße mit dem übrigen Körper und seinen Organen verbunden, sondern auch über die so genannten Reflexbogen.
Diese Reflexbogen sind energetische Bahnen oder Energieverläufe, die sich zwischen Haut und Muskeln spannen, zwischen Haut und Innenorganen, Muskeln und Innenorganen und den verschiedenen Innenorganen selbst. Über diese vegetativ funktionierenden Querverbindungen und über ihr komplexes Nervengeflecht sind die Füße mit sämtlichen Organen unseres Körpers eng verbunden und stehen dadurch mit ihnen konstant in Wechselwirkung.

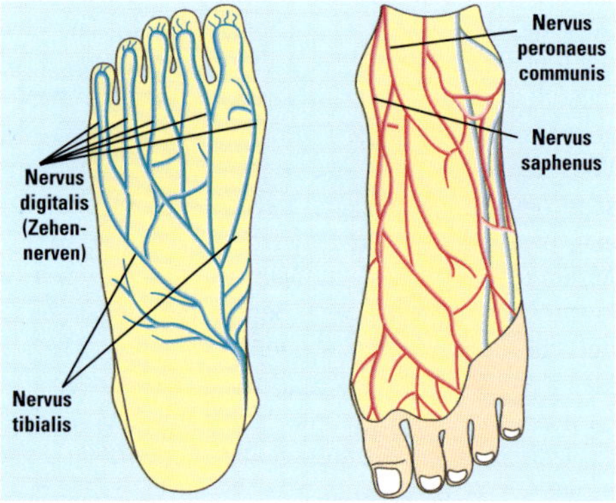


*Die Nerven, die unsere Füße durchziehen, sorgen dafür, dass wir genau wissen, »wo wir stehen«.*

### Ost und West

Die Vorläufer der Fußreflexzonenmassage sind in der asiatischen Medizin, z. B. im indischen Ayurveda, in der tibetischen Medizin und in der chinesischen Akupunktur zu finden. Diese unterscheiden sich durch ihre ganzheitliche Behandlungs- und Betrachtungsweise vollkommen von der westlichen Medizin. Letztere versucht, Krankheiten monokausal nach dem Prinzip von Ursache und Wirkung zu heilen. Erstere betrachten nicht nur den gesamten Organismus des Patienten, sondern beziehen in Diagnose und Heilung auch seine seelische und geistige Befindlichkeit sowie seine äußeren Lebensumstände mit ein.

### Mikrokosmos und Makrokosmos

Der Mensch wird dabei nicht als in sich geschlossene Einheit betrachtet, sondern als Mikrokosmos, der mit der Natur in gleichgewichtigem Austausch und in Wechselwirkung steht. Die asiatische Weltanschauung geht davon aus, dass sich alle Vorgänge des Makrokosmos Natur im Mikrokosmos Mensch spiegeln. Befindet sich der Mensch im Gleichklang mit der natürlichen Ordnung, bleibt er gesund. Lebt er jedoch im Widerspruch zu ihren Regeln, erkrankt er.

Innerhalb dieser Idee des energetischen Gleichgewichts zwischen Mensch und Natur haben sich weitere ganzheitliche Betrachtungsweisen entwickelt, u. a. die Betrachtungsweise der Organe als verkleinerte Spiegelbilder des gesamten Organismus. Gemäß dieser These enthält jeder Körperteil, Fuß, Hand, Auge und Ohr, nicht nur sich selbst, sondern wiederum ein Abbild des ganzen Körpers. Folglich kann die Reizung eines bestimmten Punkts oder einer Zone eines Körperteils, z. B. der Handinnenfläche, spezifische Wirkungen in einem weit entfernten anderen Körperteil, des Dickdarms beispielsweise, erzeugen.

### Die Wiederentdeckung der Fußreflexzonenmassage

Auf ähnlichen Thesen basierte auch die Medizin eines indianischen Volkes im Norden Zentralamerikas und Mexikos, der Maya. Die Maya wendeten bereits während ihrer präkolumbischen Hochkultur (100 v. Chr. bis 900 n. Chr.) ein komplexes Diagnose- und Therapiesystem an, auf dessen Grundgedanken noch heute die moderne Reflexzonentherapie fußt.
Die Maya überlieferten ihre Heilmethode auf den Steintafeln des Maya-Altars von Copàn in 36 ver-

schlüsselten Bildern. Erst 1938 gelang es Dr. William H.H. Fitzgerald, einem Hals-Nasen-Ohren-Arzt aus Hartfort, Connecticut (USA), und der Masseurin Eunice D. Ingham-Stopfel, diese Bilder zu entziffern. Fitzgeralds Thesen zu den zehn Körperzonen, die er 1917 in Columbus, Ohio (USA), veröffentlicht hatte, wurden dadurch bestätigt.

## Die Headschen Zonen

Richtungsweisend für Fitzgeralds Überlegungen waren die Publikationen des englischen Nervenarztes Sir Henry Head (1861–1940) über das gesteigerte Schmerzempfinden und die Berührungsempfindlichkeit bestimmter Hautzonen bei der Erkrankung innerer Organe gewesen. Head hatte beobachtet, dass zwischen den Hautpartien und den Organen, die ihre sensiblen Fasern aus demselben Rückenmarksegment beziehen, Verbindungen bestehen. So reagierten bei angegriffenem Zwerchfell die Hautpartien über dem rechten und linken Schlüsselbein nicht nur extrem schmerzempfindlich, sondern das Hautbild und die Struktur des Unterhautfettgewebes wie des Bindegewebes waren verändert. Head hatte diese Hautbildveränderungen sowie ihre mutmaßlichen Auslöser katalogisiert und aus diesen Beobachtungen ein Zonensystem, die »Headschen Zonen«, entwickelt.

Fitzgerald generalisierte diese Überlegungen. Er hatte entdeckt, dass sich die Reizung eines Körperteils nach immer demselben Muster auf eine andere Körperpartie auswirkt. Die dabei entstehenden Zonen übertrug er auf die Hautoberfläche: Der Körper ließ sich in zehn Längengrade aufteilen, fünf auf jeder Seite der Wirbelsäule. Die Zonen haben ihren Ursprung in den Fingerspitzen der beiden Hände, laufen über die Arme zum Kopf und von dort aus an der Vorder- und Rückseite des Körpers zu den Zehen. Wird eine dieser Zonen durch Druck, Wärme oder Reibung stimuliert, werden sämtliche Organe, die in derselben Zone liegen, angeregt.

Fitzgerald folgerte daraus, dass neben den Nervenverbindungen, dem Lymphsystem und den Blutgefäßen weitere energetische oder elektromagnetische Verbindungen innerhalb des Organismus herrschen, die mit den herkömmlichen wissenschaftlichen Methoden nicht nachweisbar und mit dem mechanistischen Weltbild der Schulmedizin unvereinbar sind. Dass diese Verbindungen existieren, zeigte die Reaktion der Organe auf die Reizung der jeweiligen Zonen.

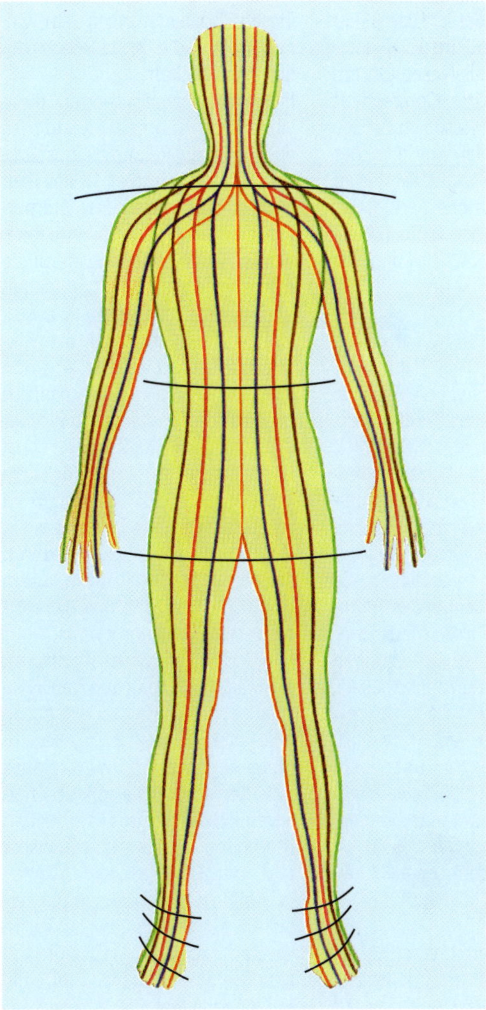

*Fitzgerald teilte den Körper in zehn Längengrade ein, fünf auf jeder Seite einer gedachten Mittellinie des Körpers. Diese Mittellinie entspricht der Wirbelsäule.*

## Die Füße – ein Spiegel unseres Organismus

Auch wenn die biophysikalischen Vorgänge, die die Massage der Reflexzonen im Körper in Gang bringt, mit den Methoden der Schulmedizin nicht nachweisbar sind, konnte Fitzgerald anhand empirischer Versuche seine Thesen über die Wirkungsweise der Fußreflexzonenmassage bestätigen und die Gesetzmäßigkeiten ihrer Anwendung festlegen.

### Die Grundregeln der Reflexzonenmassage

Diese Gesetzmäßigkeiten lassen sich folgendermaßen zusammenfassen:

- Die inneren Organe können von außen indirekt über die Haut beeinflusst werden.
- Innere Erkrankungen sind von außen in relativer Entfernung von den befallenen Organen ertastbar, beeinflussbar und auch heilbar.
- Auf alle Körperteile kann über die vegetativen Verbindungen von den Füßen her eingewirkt werden.
- Sämtliche Organe des menschlichen Körpers sind auf den Füßen abgebildet.
- Die Reflexzonen an den Füßen sind spiegelbildlich zum Körper angelegt.

### Die Strahlen

Die Lage der Reflexzonen am Fuß erschließt sich aus dem von Fitzgerald entwickelten Zehn-Zonen-Modell: Die jeweils fünf Zonen, welche rechts und links der Wirbelsäule liegen, verlaufen auch durch die Füße. Sie teilen den Fußrücken und die Fußsohle in fünf Streifen oder Strahlen: Der erste Strahl beispielsweise verläuft an der Fußinnenseite von der großen Zehe über den ersten Mittelfußknochen und das innerste Keilbein zum Sprunggelenk und der Ferseninnenseite. Die weiteren vier Strahlen verlaufen analog (siehe Abbildung).

### Die Querzonen

Zugleich teilen zwei gekrümmte Linien den Fuß horizontal in Vorfuß, Mittelfuß und Fersengebiet: Zwischen den Mittelfußknochen und den Zehengrundgelenken verläuft die erste Querlinie. Die zweite gekrümmte Querlinie zieht sich über den höchsten Punkt der Fußwölbung entlang der unteren Gelenke der Mittelfußknochen. Sie trennt den Mittelfuß vom Fersengebiet. Diesen drei Querzonen entsprechen am menschlichen Körper die folgenden Bereiche:

- Kopf, Hals und Schultergürtel
- Brust und Oberbauch
- Bauchraum und Becken

Bezieht man diese Einteilung auf die inneren Organe, so erhält man folgende Entsprechungen:

- Die Zehenzone entspricht den Organen des Kopf- und Halsbereichs. Gehirn, Hypophyse, Augen, Ohren, obere und seitliche Lymphwege, Nase, Zähne, Stirn- und Kieferhöhlen werden durch die Massage der Zehen und Zehenballen angesprochen.
- Schild- und Thymusdrüse, Luft- und Speiseröhre, Bronchien, Lunge, Leber und Gallenblase, Nieren und Nebennieren, Herz, Milz, Magen und Bauchspeicheldrüse stimuliert die Behandlung von Rist und Sohle des Mittelfußes.
- Die untere und seitliche Ferse entspricht den Zonen für Dünndarm, Dickdarm, Geschlechts- und Fortpflanzungsorgane.
- Die Reflexzonen der Fuß- und Ferseninnenseiten repräsentieren diejenigen Organe, die in der Körpermitte liegen, also Wirbelsäule, Blase, Mastdarm, Gebärmutter bzw. Prostata.
- Diejenigen Organe, die an den Außenseiten des Körpers liegen, werden durch Reflexzonen an den Fußaußenseiten repräsentiert, nämlich Ohren, Schultergelenke, Achsellymphknoten, Ellenbogen und äußeres Becken.
- Paarig angelegte Organe, wie Nieren, Nebennieren, Lungen, Augen und Ohren weisen auf beiden Füßen Reflexzonen auf.

**Sichtbar krank?**

Die Symptome einer Erkrankung dieser Organe zeigen sich durch Veränderungen des Unterhautgewebes und des Bindegewebes am

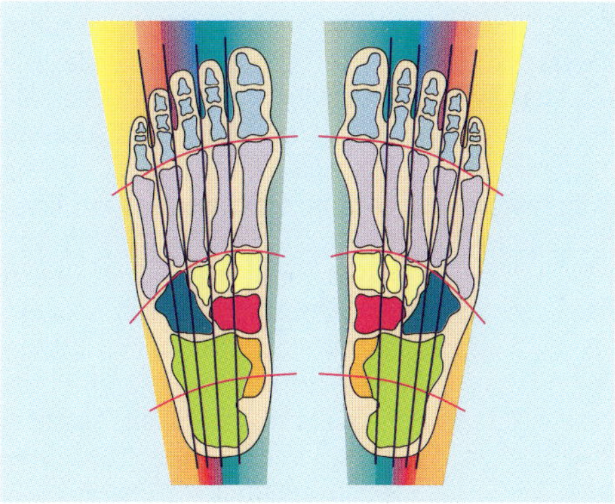

*Die Aufteilung des Fußes in fünf Strahlen und in drei Querzonen vereinfacht das Auffinden der Reflexzonen.*

Fuß. Der Fuß reagiert auf Druck und Reibung sehr empfindlich, sein Schmerzempfinden ist gesteigert. Beobachten lässt sich ein Aufquellen des Bindegewebes, es fühlt sich schwammig an und bildet Dellen. Sandartige oder kristalline Ablagerungen unter der Haut, Knötchen und Wulste sind tastbar.

### Die Wirkungsweise der Reflexzonenmassage

Eine Folge intensiver punktartiger Reize oder Impulse lockert und entspannt die Reflexzone. Die kristallinen oder knotenförmigen Strukturen werden dadurch aufgelöst, eine verbesserte Durchblutung des Gewebes wird ermöglicht.

Über die Reflexbögen und das Nervensystem werden diese Impulse zu dem entsprechenden Organ geleitet. Daraufhin bessert sich sein Durchblutungsstatus, sein neurologischer Zustand und der Fluss innerhalb seiner Lymphgefäße. Schlacken und Giftstoffe werden abtransportiert, Blockaden lösen sich auf, und das energetische Gleichgewicht des Organs sowie des beeinflussenden oder der benachbarten Organe wird wiederhergestellt. Die regulären Arbeits- und Funktionsweisen können vom Organ wieder aufgenommen werden.

### Ziel der Fußreflexzonenmassage

Neben der Wiederherstellung des energetischen Gleichgewichts, der gesunden Funktion und des reibungslosen Zusammenspiels der Organe erzielt die Fußreflexzonenmassage eine Entspannung: Eine überhöhte Muskelspannung wird gesenkt, passive Muskeln werden aktiviert. Außerdem beeinflusst die Massage der Fußreflexzonen die Arbeit des Immunsystems und steigert so die Abwehrkraft.

### Anwendungsgebiete

Die Fußreflexzonenmassage kann folglich zur Linderung und Behebung akuter wie chronischer Leiden angewandt werden. Sie eignet sich ebenfalls zur Diagnose komplexer organischer Störungen: Mit ihrer Hilfe können Sie die Anfälligkeiten und Störungsmuster des Organismus erkennen. Diese Kenntnis hilft vorbeugend Erkrankungen zu verhindern. Zuletzt kann die Fußreflexzonenmassage begleitend zu traditionellen medizinischen Techniken angewendet werden und deren Wirkungsweisen optimieren. Medizinisches Vorwissen ist zur ihrer Anwendung nicht notwendig. Sie sollten sich jedoch Ihre Grundkenntnisse der menschlichen Anatomie erneut vergegenwärtigen.

### Was die Fußreflexzonenmassage nicht kann

Die Reflexzonenmassage kann nicht wirken, wenn sie nicht ganzheitlich angewendet wird. Das bedeutet einerseits, dass eine kurzzeitige, punktuelle Massage einer Zone keine Wirkung erzeugt. Nur eine bis zwei mindestens 25-minütige Behandlungen pro Woche (mit anschließender Ruhephase) bringen langfristig Erfolg.

Ganzheitlichkeit der Therapie heißt andererseits: Sollten Sie unter einer Krankheit leiden, die durch unvernünftige Lebensführung verursacht ist, etwa durch mangelnde Bewegung, falsche Ernährung, Alkohol-, Nikotin- oder Medikamentenmissbrauch, dann muss die Fußreflexzonenmassage von einer Umstellung der Lebensführung begleitet sein, sonst wird ihre Wirkung erheblich eingeschränkt.

### Anwendungsverbot

Die Fußreflexzonenmassage ist eine natürliche, sanfte Therapie. Was nicht bedeutet, dass sie schmerzfrei ist. Eine Behandlung kann äußerst unangenehm verlaufen. Oberndrein können sich Krankheitszeichen durch die Fußreflexzonenmassage erst einmal sehr stark verschlimmern. Bei Nasennebenhöhlenerkrankungen werden Sie beispielsweise feststellen, dass nach einer Behandlung durch Fußreflexzonenmassage die Nase überhaupt nicht mehr aufhört zu laufen, dass die Stirnhöhlen pochen und die Körpertemperatur ansteigt.

Brechen Sie in keinem Fall die Behandlung in diesem Zustand ab. Über die Aktivierung des Lymphflusses wird der verhärtete Schleim in Stirn- und Kieferhöhlen aufgelöst, die eingenisteten Bakterien werden endlich nach draußen gespült, und die hohe Temperatur sinkt ebenso schnell, wie sie gestiegen ist.

Dennoch gibt es auch für die Therapie durch Fußreflexzonenmassage Gegenanzeigen. Verboten ist ihre Anwendung bei:

- Schwangerschaft, da sie zu Fehlgeburten oder Frühgeburten führen kann
- Blutdruck über 200 mmHg, da sie einen Kreislaufzusammenbruch verursachen kann
- Venenentzündung und Thrombose, da Blut- und Lymphfluss behindert sind
- Hautkrankheiten und Pilzbefall der Füße, da durch die Kreisbewegungen Keime und Pilzsporen auf gesundes Gewebe übertragen werden
- Morbus Sudeck, da die normale Funktion der Nerven bei dieser Krankheit beeinträchtigt ist

## Die Behandlung

Bevor Sie die Massage beginnen, sollten Sie sich einen Überblick über die Lage der Reflexzonen am Fuß verschaffen (siehe Abbildungen auf Seite 16ff.), damit Sie Ihre eigenen Reaktionen oder die des Patienten auf die Massage richtig einordnen können.

### Symptomzonen und Kausalzonen

Da die Reflexzonen sich gegenseitig beeinflussen, sich überlagern und sich im Krankheitsfall auch ausdehnen, unterteilt man sie in Symptomzonen und Kausalzonen. Die ersteren fallen Ihnen bei der Massage als beeinträchtigt auf, die zweiten sind die Verursacher dieser Störungen. So sind z.B. bei Patienten mit Nackenschmerzen nicht nur die Zonen auf den Zehenballen der großen Zehen gestört: Häufig ist Kurz- oder Weitsichtigkeit die Ursache von Haltungsfehlern und der Auslöser von Verkrampfungen an Hals und Nacken. Dann zeigen sich auch die Kausalzonen auf der zweiten und dritten Zehe angegriffen. Sie müssen ebenfalls behandelt werden.

### Die Bezugszonen

Ebenso spricht man von Referenz- oder Bezugszonen, wenn ein Organ wie z.B. das Herz, das anatomisch nur auf dem linken Fuß eine Reflexzone aufweisen sollte, auch durch eine Zone auf dem rechten Fuß beeinflussbar ist. Auch Magen und Leber, deren Reflexzonen in der zweiten Querzone auf der Innenseite der rechten Fußsohle liegen, haben eine Bezugszone am selben Punkt der linken Sohle. Zeigt sich die Reflexzone gestört, sollten auch ihre Bezugszone untersucht und therapiert werden.

### Vorbereitung der Behandlung

Bevor Sie die Massage an sich oder anderen beginnen, sollten Sie eine ruhige, bequeme, konzentrierte Arbeitsatmosphäre herstellen: Sorgen Sie dafür, dass der Raum ruhig, warm und gut durchlüftet ist. Besorgen Sie ein Sofa, eine Liege oder ein Bett, damit der zu Behandelnde sich in Rückenlage ausstrecken und der Massierende zu seinen Füßen sitzen kann. Stellen Sie Musik, Telefon und andere Nebengeräusche ab. Halten Sie eine Decke, ein Paar zusätzliche Socken, eine Nackenrolle und ein Kissen bereit, um den Partner warm zu halten bzw. um seine Kniekehlen zu stützen. Sorgen Sie dafür, dass der zu Behandelnde vor der Massage die Füße waschen und abtrocknen kann. Schneiden Sie sich die Fingernägel kurz, damit

Sie sich oder dem Partner keine unnötigen Schmerzen bereiten und die Massage keine Spuren hinterlässt. Verwenden Sie keine Öls oder Cremes: Diese behindern nur die Tastfähigkeit Ihrer Finger, weil sie deren Gleitfähigkeit steigern.

**Die Atmung**

Den Energiefluss im Körper können Sie durch die Atmung steuern: Sollte der Behandelte während der Massage Schmerzen empfinden, muss er seinen Atem beim Einatmen an die schmerzende Stelle schicken und sich darauf konzentrieren, den Schmerz mit der Ausatmung aus dem Körper zu schicken. Wenn Sie oder Ihr Partner sich verkrampfen, setzen Sie die Massage kurzzeitig aus, oder verringern Sie den Druck. Verringern Sie den Druck der Massage auch, wenn der Massierte aufsteigende Kälte in den Beinen bemerkt: Sie haben dann mit zu hohem Druck massiert und sollten die Behandlung unterbrechen, bis die Durchblutung der Beine sich stabilisiert hat und Beine wie Füße wieder warm geworden sind. Entspannen sollten sich beide: Masseur und Massierter. Beide dürfen die Beine nicht verkrampfen, beide sollten Rücken- und Nackenmuskulatur locker lassen.

**Ihre Pflichten**

Handeln Sie verantwortlich: Der Behandelte erwartet Hilfe von Ihnen. Er vertraut sich Ihnen an. Im Gegenzug sollten Sie vertrauenswürdig mit ihm umgehen: Sichern Sie Ihre Diagnose ab, lassen Sie sie durch einen Arzt oder Heilpraktiker bestätigen.

- Setzen Sie weder den Patienten noch sich selbst unter Erfolgsdruck: Behandeln Sie ein Gegenüber nur, wenn Sie seine Behandlung zuverlässig leisten können.
- Lassen Sie sich nicht von einem Symptom zu voreiligen Schlüssen verleiten, sondern behandeln Sie konzentriert beide Füße. Bearbeiten Sie gestörte Zonen, auch wenn in der Logik der Schulmedizin nichts dafür spricht.
- Nur wenn Sie Arzt, staatlich geprüfter Masseur oder anerkannter Heilpraktiker sind, dürfen Sie gegen Entgelt behandeln.

Auf den folgenden Seiten finden Sie die Abbildungen sämtlicher Reflexzonen der Fußsohlen, des Fußrückens, der Fußinnen- und der Fußaußenseiten. Auf Seite 28ff. folgen Krankheiten, ihre Beschwerdebilder, ihre Ursachen und – Zone für Zone – die Anleitungen zur Therapie mittels Fußreflexzonenmassage sowie Hinweise auf therapieunterstützende Maßnahmen.

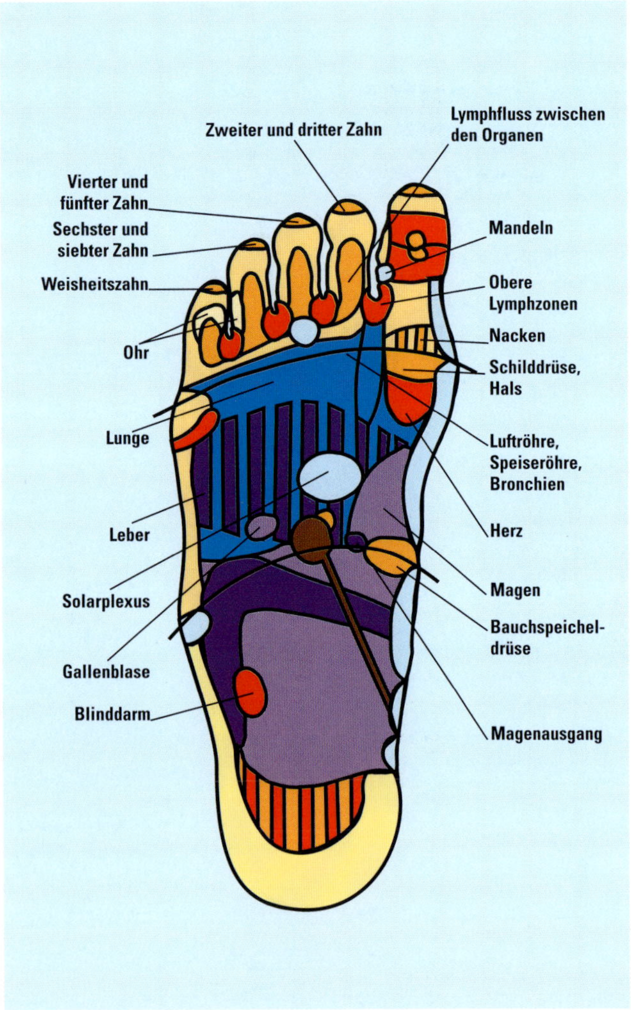
Zweiter und dritter Zahn
Lymphfluss zwischen den Organen
Vierter und fünfter Zahn
Sechster und siebter Zahn
Weisheitszahn
Ohr
Lunge
Leber
Solarplexus
Gallenblase
Blinddarm
Mandeln
Obere Lymphzonen
Nacken
Schilddrüse, Hals
Luftröhre, Speiseröhre, Bronchien
Herz
Magen
Bauchspeicheldrüse
Magenausgang

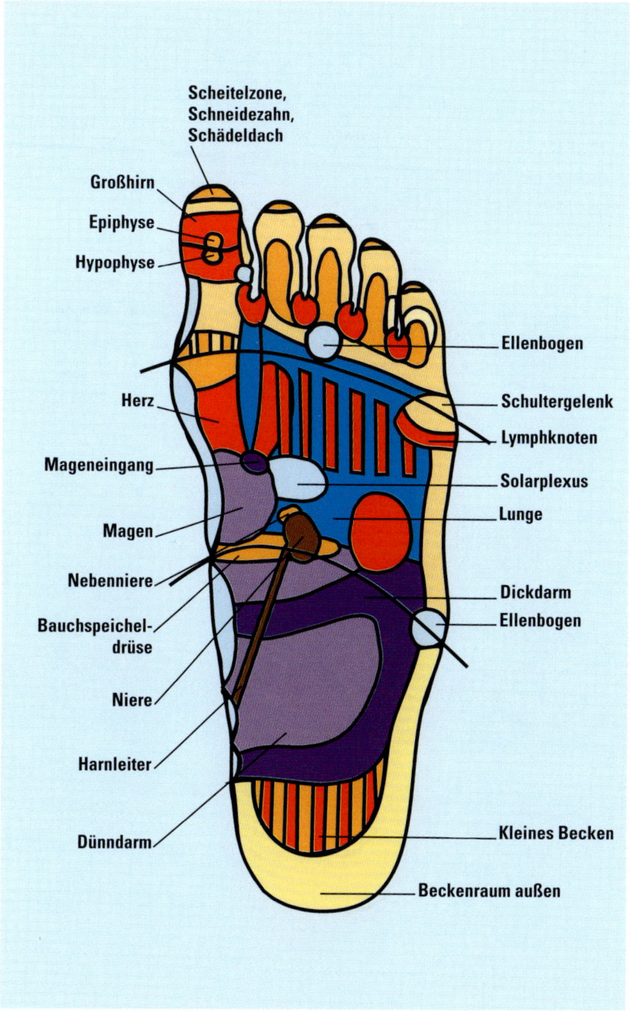
Scheitelzone,
Schneidezahn,
Schädeldach
Großhirn
Epiphyse
Hypophyse
Herz
Mageneingang
Magen
Nebenniere
Bauchspeichel-
drüse
Niere
Harnleiter
Dünndarm
Ellenbogen
Schultergelenk
Lymphknoten
Solarplexus
Lunge
Dickdarm
Ellenbogen
Kleines Becken
Beckenraum außen

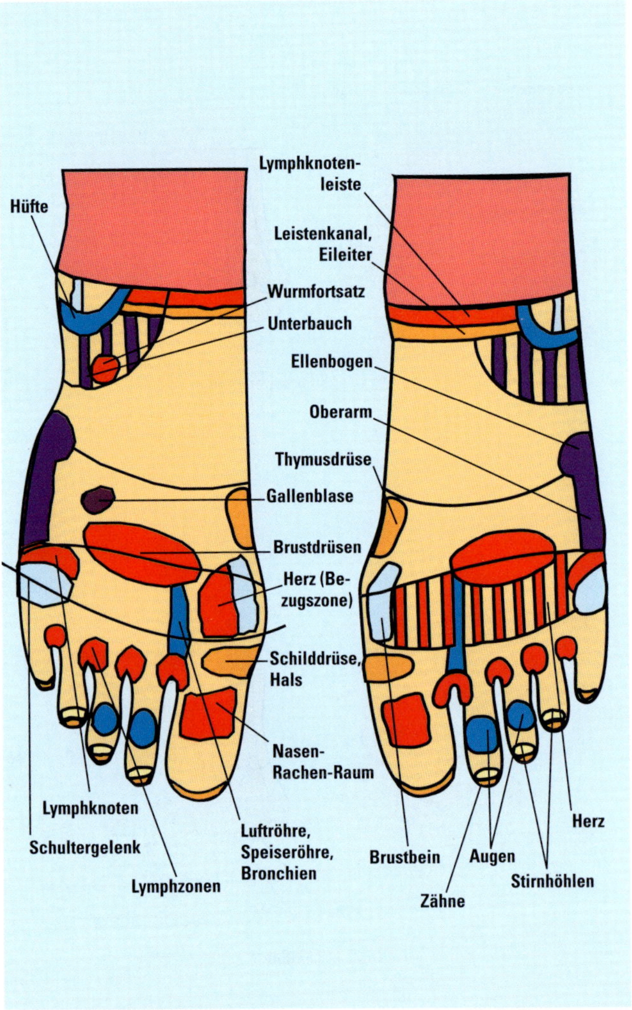
Lymphknoten-
leiste
Hüfte
Leistenkanal,
Eileiter
Wurmfortsatz
Unterbauch
Ellenbogen
Oberarm
Thymusdrüse
Gallenblase
Brustdrüsen
Herz (Be-
zugszone)
Schilddrüse,
Hals
Nasen-
Rachen-Raum
Lymphknoten
Schultergelenk
Lymphzonen
Luftröhre,
Speiseröhre,
Bronchien
Brustbein
Augen
Herz
Stirnhöhlen
Zähne

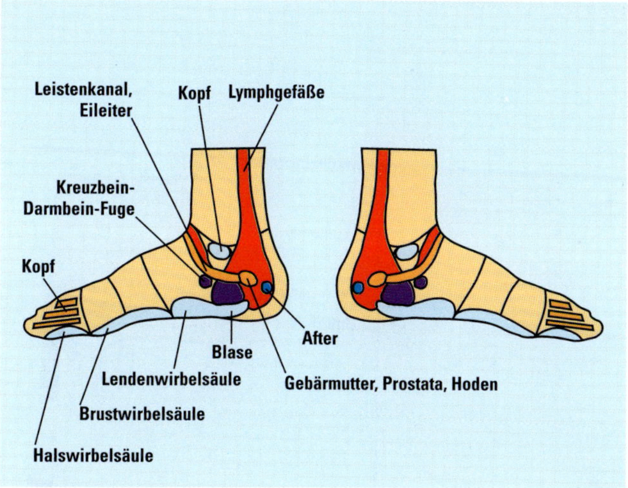
Leistenkanal,
Eileiter
Kopf
Lymphgefäße
Kreuzbein-
Darmbein-Fuge
Kopf
After
Blase
Lendenwirbelsäule
Gebärmutter, Prostata, Hoden
Brustwirbelsäule
Halswirbelsäule

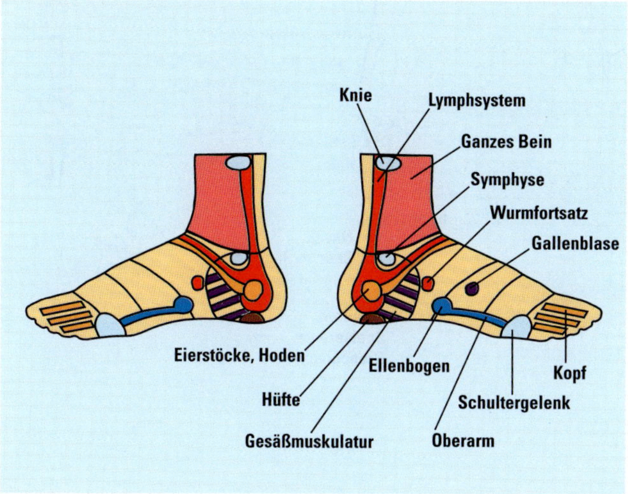
Knie
Lymphsystem
Ganzes Bein
Symphyse
Wurmfortsatz
Gallenblase
Eierstöcke, Hoden
Ellenbogen
Kopf
Hüfte
Schultergelenk
Gesäßmuskulatur
Oberarm

## Die Grundgriffe der Fußreflexzonenmassage

Das maßgebliche Werkzeug der Reflexzonenmassage ist der Daumen. Er ertastet die Störung und beseitigt sie mittels folgender Griffarten.

### Der Raupengriff

Die massierende Hand liegt völlig auf dem Fuß auf. Indem Sie das Daumenendglied wechselweise abknicken und wieder strecken, üben Sie wechselnden Druck auf den Fuß aus. Der Daumen bewegt sich dabei raupenartig über den Fuß. Der Kontakt zwischen Daumenkuppe und Haut bleibt immer erhalten. Es entsteht eine Reihe an- und abschwellender Impulse.

### Der Zeigefingerdruck

Wenn Sie Zonen bearbeiten, die dem Daumen schwer zugänglich sind, wie z. B. die Zeheninnenseiten, dann führen Sie den Raupengriff mit dem Zeigefinger aus.

### Der Zangengriff

Dieser Griff wird auch melkender Griff genannt, da bei ihm Daumen- und Zeigefingerkuppe gegeneinander drücken, streichen oder ziehen. Wenden Sie diesen Griff im Zehenbereich und an der Fußaußenseite an.

Die drei erwähnten Griffe arbeiten nur mit leichtem Druck, denn sie sollen nicht nur Impulse aussenden, sondern gleichzeitig Veränderungen in den verschiedenen Hautschichten erspüren und »sehen«, was unter der Haut der Reflexzone vor sich geht.

### Der sedierende Griff

Kleine Reize regen an, starke Reize hemmen, stärkste Reize lähmen. Dieses biologische Grundgesetz gilt auch in der Fußreflexzonenmassage. Mit dem sedierenden Griff, einem konstanten, harten, punktartigen Druck der Daumenkuppe auf die Reflexzone, machen Sie es sich gegen starke Schmerzen zunutze. Der sedierende Griff dauert zwischen zehn Sekunden und zwei Minuten. Er lässt den Schmerz zunächst anwachsen und dann vollständig abklingen. Er dient also zur vorübergehenden Unterdrückung des Schmerzes. Er hat keine therapeutische Wirkung und sollte maximal zweimal nacheinander angewendet werden, z. B. bei Zahnschmerzen, Ohrenschmerzen oder Migräne, bei Ischiasschmerzen, Bandscheibenschäden oder prämenstruellen Schmerzen. Mehrfach angewendet kann der sedierende Griff eine Diagnose verschleiern oder unmöglich machen!

## Die Massagetechnik

Zur Massage fassen Sie Ihren eigenen Fuß oder den Fuß des Partners mit beiden Händen. Ihre Daumen berühren die Fußsohle. Der Daumenballen hält ebenfalls größtmöglichen Hautkontakt, denn er unterstützt die kreisende Bewegung des Daumens, indem er die Impulse aus der Schulter weiterleitet. Die restlichen Finger umfassen den Fußrücken. Diejenige Hand, die nicht massiert, übt leichten Gegendruck zum kreisenden oder drückenden Daumen aus. Man nennt sie die Stützhand. Insbesondere bei den empfindlichen Zehen garantiert die Stützhand, dass Fuß und Gelenke weder dem Daumendruck nachgeben noch ihm ausweichen noch nach vorn abknicken.

### Die Streichungen

Jede Massage beginnt damit, dass der Daumen in streichenden Bewegungen den gesamten Fuß, einschließlich des Fußgelenks, erwärmt, ertastet und erfasst. Durch das Streichen regen Sie die Durchblutung des Fußes an, entspannen ihn, lernen seine Eigenheiten kennen und schaffen so die Voraussetzungen für seine optimale Behandlung.

### Die Wellenbewegung

Ist der Fuß erwärmt, arbeiten Sie mit dem Raupengriff weiter. Dabei üben Sie mit der Daumenkuppe stetig anwachsenden und abklingenden Druck in die Tiefe des Gewebes aus. Sie erreichen so eine anschwellende und abschwellende Bewegung, die aus der Mitte des Handballens erwächst.

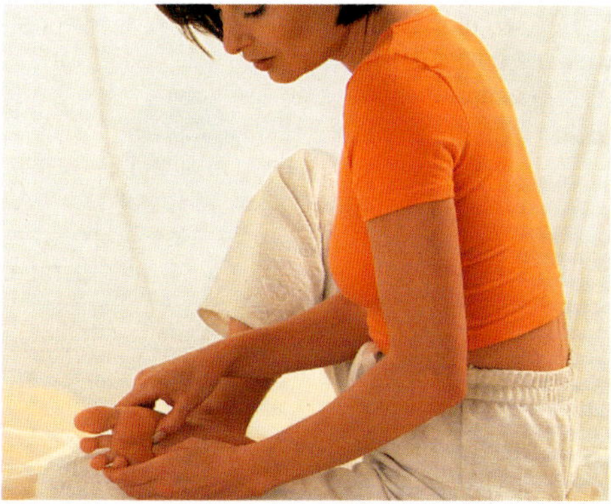

*Die gleichermaßen entspannte und konzentrierte Haltung, die Bewegung aus der Schulter und das optimale Einsetzen der Stützhand sind das A und O bei der Massage der Fußreflexzonen.*

### Die Kreisbewegung

Der Daumen bewegt sich in dieser Wellenbewegung rechtsherum oder linksherum kreisend, um Oberhaut und Bindegewebe gegeneinander verschieben zu können. In kleinen Kreisen wird der Fuß in einer Richtung (egal ob von den Zehen zur Ferse oder umgekehrt) Zone für Zone durchgearbeitet.

### Die Handhaltung

Damit diese Kreisbewegung aus der Schulter und keinesfalls aus dem Daumenballen heraus erfolgt, müssen Handgelenk und Ellenbogen eine Achse bilden. Der Unterarm sollte einen rechten Winkel zum Oberarm einhalten. Diese Haltung garantiert, dass die Bewegung des massierenden Daumens von der Schulter ausgeht und weder Handgelenk noch Daumengrundgelenk überansprucht werden.

### Die Sitzhaltung

Bei der Reflexzonenmassage an Ihnen selbst setzen Sie sich auf einen Sessel oder Stuhl mit gerader Lehne. Stützen Sie Ihren Rücken mit einem Kissen. Legen Sie das linke Bein angewinkelt auf den Oberschenkel des rechten Beins, so dass die Fußsohle nach oben zeigt. Nach der Behandlung des linken Fußes wechseln Sie die Beinstellung. Wenn Sie an anderen eine Reflexzonenmassage anwenden, setzen Sie sich vor die locker ausgestreckten Füße Ihres Patienten auf eine Fußbank oder einen Schemel. Die Füße Ihres Partners sollten auf der Höhe Ihrer Ellenbogen liegen.

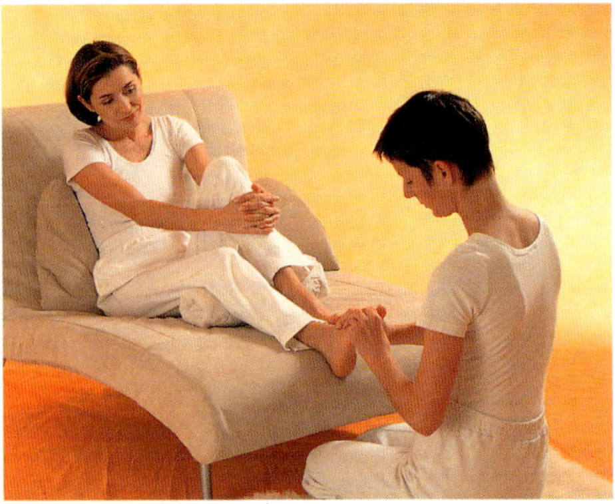

*Mit ein bisschen Übung kann jeder lernen, die Fußreflexzonen zu finden und richtig zu massieren.*

### Der Sichtbefund

Bei den Streichbewegungen sollten Sie darauf achten, wie der Fuß sich anfühlt – feucht, kalt, warm oder trocken –, und Sie sollten sichtbare Eigenheiten registrieren. Hinweise auf Erkrankungen liegen vor, wenn:

- Die Knochen-, Bänder- oder Gefäßstruktur verändert ist
- Auf der Haut, im Unterhautgewebe, an Gelenken und Knochen Verhärtungen, Schwellungen oder Knoten sichtbar werden
- Hautpartien verfärbt, gerötet oder zu blass aussehen, oder-wenn sie ausgetrocknet und rissig oder zu feucht und schweißig sind
- Zehen, Zehengelenke, Mittelfuß oder Fußgelenk in ihrer Beweglichkeit reduziert sind

### Der Tastbefund

Indem Sie mit dem Raupengriff den Fuß kreisförmig und wellenartig durchmassieren, finden Sie heraus, ob die sichtbaren Veränderungen des Fußes

- Mit knirschenden, schwammigen oder knötchenartigen Gewebeveränderungen unter der Haut einhergehen
- In die Tiefe des Gewebes reichen oder oberflächlich bleiben
- In andere Bereiche oder Zonen hin ausstrahlen
- Unauffällige Stellen in der Gewebetiefe beeinträchtigen

### Die Diagnose

Stoßen Sie auf eine veränderte, schmerzhafte Zone, besteht der Verdacht auf eine akute Erkrankung, wenn auf die Massage ein scharfer, oberflächlicher, stechender oder schneidender, kurzer Schmerz folgt. Folgt ein dumpfer, tiefer, anhaltender Schmerz, können Sie auf eine chronische Erkrankung schließen. Andere akute Reaktionen des Massierten müssen diagnostisch berücksichtigt werden. So kann es, neben Schweißausbrüchen am ganzen Körper, auch zu begrenztem Schweißfluss kommen, z.B. am Brustkorb. Dies ist ein Hinweis, dass die Organe des Brustkorbs durch die Massage stimuliert wurden.

### Die Therapie

Die Therapie erfolgt nach immer demselben Muster: Ein Fuß wird nach dem anderen behandelt. Der unbehandelte Fuß wird warm eingepackt. Erwärmen Sie den Fuß durch Streichungen. Beobachten Sie dabei Auffälligkeiten. Ertasten Sie Veränderungen beim Streichen und durch den Raupengriff. Besprechen Sie Ihre Beobachtungen mit dem Patienten, vergleichen Sie sie mit seiner Krankheitsgeschichte. Beginnen Sie dann die Ihren Beobachtungen analoge Behandlung.

## Die tägliche Massage zur Entspannung

Stress, Stress, Stress lautet der Stoßseufzer unseres global village am Ende des 20. Jahrhunderts. Die Forderungen, die die Gesellschaft an den Einzelnen stellt, werden immer größer. Gleichzeitig werden die unterstützenden Systeme und Gruppen der Gesellschaft immer kleiner: Familien zerbrechen, in Wohn- und Arbeitsgemeinschaften herrscht hohe Fluktuation. Die Folge ist eine Isolation des Einzelnen, der dem Leistungsdruck und der Konkurrenz vielfach nicht gewachsen ist. Natürlich hat die Reflexzonentherapie keinerlei Einfluss auf die Anforderungen der Gesellschaft, aber sie kann seelische Konflikte und Ängste beruhigen, indem sie psychovegetative Punkte behandelt. Um sich zu entspannen und Ihre Probleme wieder in den richtigen Dimensionen wahrnehmen zu können, massieren Sie wie folgt:

- **Brustwirbelsäule** – ihre Zone beginnt unterhalb des Großzehenballens auf der Fußinnenkante und endet am höchsten Punkt des Fußgewölbes.
- **Lendenwirbelsäule** – massieren Sie die Fußinnenseite vom Fußgewölbe bis unterhalb des Innenknöchels.
- **Hypophyse und Epiphyse** – die Zonen beider Drüsen decken sich. Sie ziehen sich um das oberste Großzehengelenk.
- **Schädelbasis** – die Zone, die diesen Austrittspunkt der Nerven in die Wirbelsäule repräsentiert, liegt an der Innenseite des zweiten Glieds der großen Zehe.
- **Lunge** – ihre Zone reicht vertikal über den ganzen Mittelfuß und nimmt den größten Teil der Fußballen beider Füße ein.
- **Leber und Gallenblase** – behandeln Sie sie auf dem rechten Fuß unterhalb der Auftrittsfläche des Zehenballens.
- **Milz** – massieren Sie auf der linken Fußsohle die Basis des äußersten Mittelfußknochens.
- **Nieren und Nebennieren** – die Zonen der Nieren liegen auf beiden Fußsohlen in der Mitte des Fußgewölbes zwischen dem zweiten und dritten Mittelfußknochen.
- **Schilddrüse** – Sie lokalisieren sie zwischen dem zweiten Zehenglied der großen Zehe und dem Mittelfußknochen.
- **Solarplexus** – Der Punkt liegt in Fußmitte über der Nierenzone.

## Massage des Verdauungstrakts

Die Erkrankung eines Verdauungsorgans beeinträchtigt die Arbeit aller folgenden Organe. Bearbeiten Sie daher die Reflexpunkte des gesamten Verdauungsapparats in der richtigen Reihenfolge:

- Die Zone des Magens und seine Bezugszone massieren Sie an beiden Fußinnenseiten etwa einen Daumen breit unter dem Ballen.
- Den Zwölffingerdarm beeinflussen Sie an der rechten Fußsohle durch Druck auf den Punkt unterhalb der Magenzone im Bereich des dritten Strahls. Massieren Sie diese Reflexzone in kleinen Kreisen.
- Die Bauchspeicheldrüsenzone liegt an derselben Stelle und ist besser auf dem linken Fuß tastbar.
- Leber und Gallenblase behandeln Sie auf dem rechten Fuß unterhalb der Auftrittsfläche des Zehenballens auf dem dritten bis fünften Strahl. Sie wird mit kräftigem, in die Tiefe gehendem Druck massiert.
- Die Zone der Milz finden Sie nur an der linken Fußsohle an der Basis des äußersten Mittelfußknochens auf dem vierten und fünften Strahl.
- Die Zone des Dünndarms ist eine kreisförmige Fläche mit ca. drei Zentimeter Durchmesser oberhalb der Fersenauftrittsfläche zwischen zweiten und viertem Strahl. Sie ist auf beiden Füßen lokalisiert.
- Die Dickdarmzone massieren Sie beginnend am äußeren Fersenende des rechten Fußes, mit dem rechten Daumen aufsteigend bis oberhalb der Fersenauftrittsfläche. Mit quer gestelltem Daumen massieren Sie bis zur Fußinnenseite. Sie wechseln danach den Fuß und arbeiten an der Fußinnenseite des linken Fußes mit dem Daumen der linken Hand weiter bis zur Außenseite des linken Fußes. Dann massieren Sie kreisförmig langsam nach unten in Richtung Ferse.
- Beenden Sie die Massagen mit den Reflexzonen des Mastdarms: Massieren Sie den linken und den rechten Fuß jeweils an den Innenkanten der Fersenauftrittsfläche nach unten.

## Massage der Drüsen

Für eine entspannende und vitalisierende Massage der Drüsen- und Lymphzonen massieren Sie der Reihe nach an beiden Füßen die folgenden Stellen:

- **Hirnanhangsdrüse oder Hypophyse** – die Reflexzonen liegen auf den Fußsohlen beider Füße etwa auf der Mitte des obersten Gelenks der großen Zehe bis zur Zeheninnenseite.
- **Epiphyse oder Zirbeldrüse** – ihre Zone liegt auf dem ersten Strahl der Fußsohlen beider Füße und deckt sich mit der Zone der Hirnanhangsdrüse. Die Zonen beider Drüsen sind ein Teilbereich der Reflexzone für die Halswirbelsäule.
- **Schilddrüse** – Sie lokalisieren sie zwischen dem zweiten Zehenglied der großen Zehe und dem Mittelfußknochen auf dem ersten und zweiten Strahl. Massieren Sie diese Zone sowohl auf der Sohle wie auf dem Fußrücken, da beide Reflexpunkte auf die Drüse wirken.
- **Nebennieren** – Sie finden die Zonen der Nebennieren auf beiden Fußsohlen in der Mitte des Fußgewölbes zwischen dem zweiten und dritten Mittelfußknochen. Massieren Sie sie großräumig, so behandeln Sie die Zonen der Nieren gleich mit.
- **Bauchspeicheldrüse** – die Zonen dieser Drüse liegen an der Basis des Mittelfußknochens. Sie ziehen sich auf dem rechten Fuß von der Fußinnenseite bis zum ersten Strahl, auf dem linken Fuß von der Fußinnenseite bis zum dritten Strahl.
- **Eileiter und Leistenkanal** – die beeinflussenden Zonen ertasten Sie, wenn Sie oberhalb des Sprungbeins an der Fußinnenseite mit der Massage beginnen und sich quer über den Spann zur Fußaußenseite arbeiten, um von dort schräg nach unten zum Fersenbein laufend zu massieren.
- **Gebärmutter, Prostata und Hoden** – die Zonen dieser Geschlechtsorgane schließen an die Zone des Eileiters auf der Ferseninnenseite an und decken sich mit der Zone der Blase.
- **Eierstöcke und Hoden** – Sie massieren sie im Anschluss an die Zone des Eileiters/Leistenkanals auf der Fersenaußenseite unterhalb des Knöchels.

## Massage der Lymphzonen

Haben Sie die Massage der die Drüsen beeinflussenden Reflexzonen abgeschlossen, widmen Sie sich der Massage des Lymphsystems.
Dieses ist ein den ganzen Organismus durchziehendes Gefäßsystem, welches einen wesentlichen Teil des Abwehrsystems unseres Organismus bildet. Es besteht aus Milz, Mandeln, Wurmfortsatz und Lymphbahnen sowie den Lymphknoten hinter dem Unterkiefer, in den Achseln und in den Leistenbeugen. In diesem Gefäßsystem zirkuliert eine hellgelbe Flüssigkeit, die sich aus Lymphkörperchen und Lymphplasma zusammensetzt.
Auch hier gehen Sie in einer bestimmten Reihenfolge vor:

- **Obere Lymphbahnen** – massieren Sie als erstes an der Fußsohle die Zehenzwischenräume. Sie repräsentieren die Lymphgefäße.
- **Lymphfluss** – massieren Sie dann die Zehenseiten, denn sie beeinflussen das Fließen der Lymphe zwischen den Organen.
- **Nasen-Rachen-Raum** – die betreffende Zone finden Sie auf der Oberseite der großen Zehen über dem ersten Zehengelenk.
- **Achsellymphknoten** – die Reflexzonen dafür liegen auf beiden Vorfüßen seitlich des Kleinzehengrundgelenks, sowohl auf der Fußsohle als auch auf dem Fußrücken.
- **Milz** – die Milz wird von der Fußsohle aus durch eine Zone an der Basis des vierten und fünften Mittelfußknochens stimuliert.
- **Brustdrüsen** – die Zone für die Brustdrüsen liegt auf dem Fußrücken im Zentrum des Mittelfußes auf dem zweiten bis vierten Mittelfußknochen.
- **Wurmfortsatz** (Appendix) – auch er wird zum Abwehrsystem des Körpers gezählt. Seine Reflexzone liegt auf dem Fußrücken zwischen dem dritten Keilbein und dem Würfelbein.
- **Lymphknoten der Leiste** – sie werden über eine Massage der Zone der Leistenbeuge beeinflusst: Beginnen Sie die Behandlung unterhalb des Sprungbeins an der Fußinnenseite, arbeiten Sie sich nach oben, über den Spann zur Fußaußenseite und zur Zone unterhalb des Knöchels.

# Abwehr-schwäche

Abwehrschwäche oder Immunschwäche ist eine Krankheit, die auch unabhängig von einer Infektion mit dem AIDS-Virus auftritt. Diese Erkrankung ist sehr gefährlich, weil sie die biologische Selbsterhaltung des Körpers, sein Immunsystem, außer Kraft setzt.

## Die Funktionsweise des Immunsystems

Die Immunabwehr des Körpers arbeitet in mehreren Schritten: Zuerst erkennt sie, ob Fremdstoffe in den Organismus gelangt sind, dann beseitigt sie die körperfremden Viren, Bakterien oder Tumorzellen, und zum Dritten speichert sie die Informationen über die fremden Zellen oder Antigene in den Gedächtniszellen. So kann der Körper gegen einmal erkannte feindliche Organismen spezifische Abwehrkörper produzieren und sie im Bedarfsfall, bei Grippe, Bronchitis oder Mandelentzündung, sofort einsetzen.

Es sind spezielle weiße Blutkörperchen, die Lymphozyten, die die körpereigene Abwehr bilden. Sie werden im Knochenmark gebildet. Ein Teil der Lymphozyten gelangt über die Lymphgefäße in die Thymusdrüse. Dort bilden sich daraus dann die Killerzellen (T-Lymphozyten): Diese Zellen vernichten alle körpereigenen Zellen, die bereits von Viren befallen sind. Damit verhindern sie, dass diese Zellen beginnen, Viren zu produzieren. Bestimmte T-Lymphozyten bilden sich um zu Gedächtniszellen, die die Strukturen von Antigenen bis zu zehn Jahre lang speichern.

Ein weiterer Teil der Lymphozyten gelangt in die Milz und die Lymphknoten, und wird dort in B-Lymphozyten umgewandelt. B-Lymphozyten produzieren die Antikörper oder Immunglobuline, die sich an die Oberfläche der Fremdkörper heften und sie bewegungsunfähig machen.

## Mögliche Ursachen

Immundefekte können erblich bedingt sein: Die Fresszellen, die T-Lymphozyten oder die B-Lymphozyten arbeiten fehlerhaft.

Abwehrschwäche ist jedoch häufig die Folge von chronischem Bewegungs- und Konditionsmangel, von Dauerüberlastung, von eiweißarmer Ernährung sowie von langjährigem Alkohol- und Nikotinmissbrauch. Eine Immunschwäche kann auch durch die Einwirkung radioaktiver Strahlung ausgelöst werden. Sie tritt auch nach bestimmten Virusinfektionen wie Masern oder Windpocken gehäuft auf.

**Symptome:** Infektionskrankheiten wie grippale Infekte, Bronchitis, Harnwegsentzündungen, Herpes oder Mandelentzündungen treten in immer kürzeren Abständen auf, ihr Verlauf ist schwerer als gewöhnlich und ihr Heilungsprozess ist stark verlangsamt.
**Behandlung:** Massieren Sie alle Lymphzonen zwischen den Zehen, dann die Zone der Thymusdrüse an der Innenseite des Fußballens. Fahren Sie fort mit der Zone der Lymphknoten unterhalb der kleinen Zehe auf dem Vorfußrücken, massieren Sie die darunter liegende Leistenzone und zuletzt die Milzzone an der Außenseite der linken Fußsohle, in der Mitte des Mittelfußknochens.
**Behandlungsdauer:** 1- bis 2-mal pro Woche in Langzeittherapie

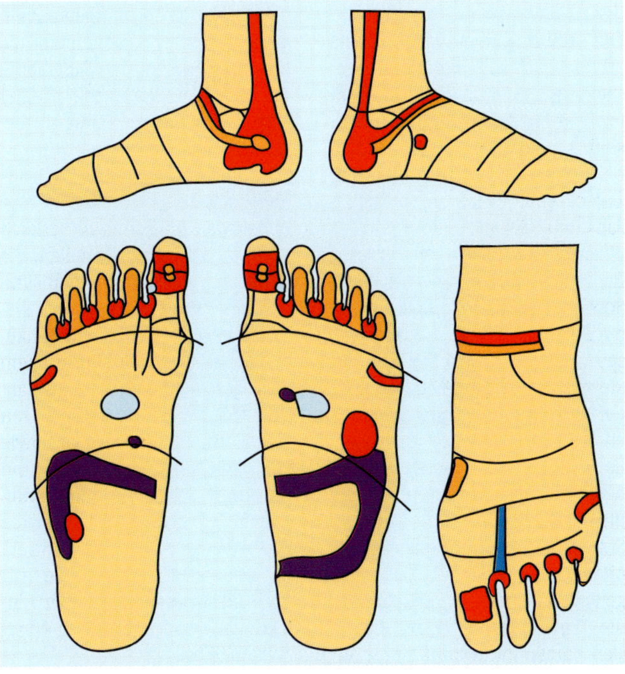

# Allergien

Bei Allergien weichen die Reaktionen des Organismus auf körperfremde Stoffe vom Normalmaß ab: Egal, ob der Körper Blütenpollen, Staubmilben, Insektengifte oder Eiweißstoffe in der Nahrung als »fremd« einstuft, er arbeitet immer gleich.

**Was ist eine Allergie?**

Dringt in den Organismus ein unbekannter Stoff ein, wird die natürliche Immunabwehr aktiv: Der Körper aktiviert die Phagozyten oder Fresszellen. Sie vernichten die Fremdkörper, indem sie sie auffressen. Durch Botenstoffe veranlassen sie zudem den Körper, Proteine herzustellen, die sich den Strukturen der Erreger anpassen. Diese Proteine können so ungehindert in die Zellwände der Fremdkörper eindringen und sie von innen heraus zersetzen. Damit ist der Erreger identifiziert, und die Lymphozyten können im zweiten Schritt der Abwehr Antikörper herstellen, deren chemisches Profil auf die Zellmembran der Eindringlinge zugeschnitten ist. Diese Antikörper heften sich an die Oberfläche anderer Körperzellen, der Mastzellen, bis die gleichen Fremdkörper wieder in den Körper eindringen. Bei einem nächsten Kontakt mit dem gleichen Fremdkörper reagieren die Antikörper vernichtend: Sie bekämpfen die Antigene. Dazu öffnet sich die Zellmembran der Mastzellen, aus dem Zellinneren treten Histamine und Serotonine ins umliegende Gewebe ein und erweitern die Blutgefäße. Die natürliche Immunabwehr des Körpers (die Antigene bindenden T-Lymphozyten und die Antikörper bildenden B-Lymphozyten) kommt so schneller an ihr Ziel. Gleichzeitig verengen die Histamine die Bronchien, damit keine weiteren Fremdkörper wie z. B. Zement- oder Mehlstaub oder Pollen über die Atemwege in den Körper gelangen können.

Das Immunsystem eines Allergikers setzt beim Kontakt mit bestimmten, normalerweise unschädlichen Substanzen, zu viele Histamine und Serotonine frei. Histamine und Serotonine lösen eine heftige Entzündungsreaktion des Körpers aus: Fieber, Hautrötungen und Hautschwellung sind die Folge. Darauf reagiert der Körper, indem er vermehrt Lymphozyten aktiviert, Lymphfluss und Schleimsekretion steigern sich.

**Heuschnupfen**

Im Frühling ist es wieder soweit: tränende, brennende, gerötete Augen, Schnupfen, erhöhte Temperatur, Nesselsucht und asthmatische Anfälle machen vielen Allergikern das Leben schwer. Heuschnupfenbeschwerden beginnen – je nach Auslöser – mit der Blüte von Haselnuss und Erle im Februar und enden mit der Mais-, Hafer- und Lindenblüte im August. Tritt Heuschnupfen ganzjährig auf, können Staubmilben oder Tierhaare die Auslöser sein.

### Hausstauballergie

Sie wird durch den Kot der Hausstaubmilbe verursacht und ist neben dem Heuschnupfen die häufigste allergische Erscheinung.

### Allergisches Asthma bronchiale

Werden durch zu viele Histamine die Bronchien zu stark verengt, tritt hochgradige Atemnot auf. Der Allergiker ist am Ausatmen gehindert.

### Kontaktallergie

Hierbei wird die allergische Reaktion durch Hautkontakt ausgelöst. Auf der betroffenen Hautstelle bildet sich ein Ausschlag aus linsengroßen, stark juckenden, mit Wasser gefüllten Bläschen, der sich schnell ausbreitet.

### Nahrungsmittelallergie

Bei Nahrungsmittelallergie reagiert der Körper nach der Mahlzeit mit Durchfall, Erbrechen und asthmaähnlicher Atemnot. Häufig ist die Unverträglichkeit von Kuhmilcheiweiß allergieauslösend.

### Anaphylaktischer Schock

Der anaphylaktische Schock ist die schwerste allergische Reaktion. Das Eindringen großer Allergenmengen (z. B. nach Bienen- oder Wespenstichen) in das Blut führt dabei zu einer plötzlichen Gefäßerweiterung, die den Blutdruck absinken lässt. Es kann zu einem tödlichen Kreislaufzusammenbruch kommen.

### Mögliche Ursachen

Allergien können vererbt sein. Insbesondere wenn beide Elternteile Allergiker sind, steigt das Risiko allergischer Erkrankungen der Kinder auf über 50 Prozent. Eine tatsächliche Erkrankung kann jedoch vermieden oder hinausgezögert werden, indem die Kinder so lange wie möglich gestillt werden, da Muttermilch allergenarm ist. Schadstoffe wie Auto- und Industrieabgase sowie Nikotin sollte man vermeiden. Tritt eine Nahrungsmittelallergie auf, hilft nur eine Diät. Bei Kindern hat die Vermeidung des Allergens hohe Heilungserfolge: Ca. 80 Prozent verlieren ihre Allergie, wenn das auslösende Nahrungsmittel mindestens zwei Jahre vom Speiseplan gestrichen wird.

**Die häufigsten Allergieauslöser**

Es sind nicht nur natürliche Substanzen wie Blütenpollen, Schimmelpilze und Weizengluten sowie Milch-, Hühner- und Fischeiweiß, die Allergien auslösen können, sondern ungezählte chemische Substanzen erweisen sich auch als Allergene. Neben Konservierungsmitteln und Schädlingsbekämpfungsmitteln sind Zementstaub, Formaldehyd, Schwefeldioxid, Farbstoffe und Zusätze in Kosmetika und Sonnenschutzmitteln als Allergieauslöser bekannt. Allergien können infolge einer Antibiotikabehandlung auftreten: Antibiotika schädigen die natürliche Darmflora, da sie Darmbakterien abtöten. Bei einer Neubesiedelung des Darms durch körperfreundliche Bakterien kann der Organismus diese fälschlicherweise als feindlich einstufen, es kommt zur allergischen Reaktion.

**Therapieergänzung**

Unterstützen Sie das Immunsystem bei seiner Arbeit, indem Sie sich ausgewogen und besonders Vitamin-C-reich ernähren, denn Vitamin C ist ein natürliches Antihistaminikum. Es bindet einen Teil des überschüssigen Histamins und baut es zu einer harmlosen Säure ab. Meiden Sie kalziumreiche Nahrungsmittel, da Kalzium die Histaminproduktion anregt. Achten Sie stattdessen auf magnesiumreiche Kost wie Vollkornbrot, Nüsse, Haferflocken und Sprossen, denn Magnesium bindet Kalzium.

**Symptome bei Heuschnupfen und Hausstauballergie:** tränende, brennende, gerötete Augen, gesteigerte Nasensekretion verbunden mit häufigem Niesen, asthmatische Anfälle, erhöhte Temperatur, Kopfschmerzen, Appetitlosigkeit
**Symptome bei allergischen Asthma bronchiale:** stoßartige Einatmung ohne ausreichendes Abatmen, Engegefühl oder Druckgefühl in der Brust, krampfartiger Husten, blaue Lippen, Erstickungsangst
**Symptome bei Nahrungsmittelallergie:** Verdauungsstörungen, Blähungen, Durchfall, Migräne, Atemnot und Gelenkschmerzen
**Symptome eines anaphylaktischen Schocks:** sich schnell verschlechterndes Allgemeinbefinden, Atemnot, Schwindelgefühl, Schweißausbrüche, Bewusstseinsverlust
**Achtung:** Allergien gehören in ärztliche Behandlung, damit sich z.B. aus einem Heuschnupfen kein Asthma bronchiale entwickelt.

**Behandlung**: Massieren Sie die Reflexzonen der Lymphgefäße und Drüsen. Behandeln Sie dann die Reflexzone der Milz und die Nierenzone. Die Zone für die Nieren liegt an beiden Fußsohlen auf dem dritten und vierten Strahl in der Mitte der Fußgewölbes. Massieren Sie weiter die Zone des Solarplexus und schließlich die Zonen des Dünndarms und des Dickdarms sowie die Reflexzonen von Leber und Gallenblase auf der Sohle unterhalb der Ballen der vierten und der kleinen Zehe. Beenden Sie die Massage mit den Zonen der Zähne, der Mandeln und der Nebenhöhlen.
**Behandlungsdauer**: 1- bis 2-mal pro Woche; auch nach Abklingen der Allergie sollten Sie die Behandlung weiterführen.

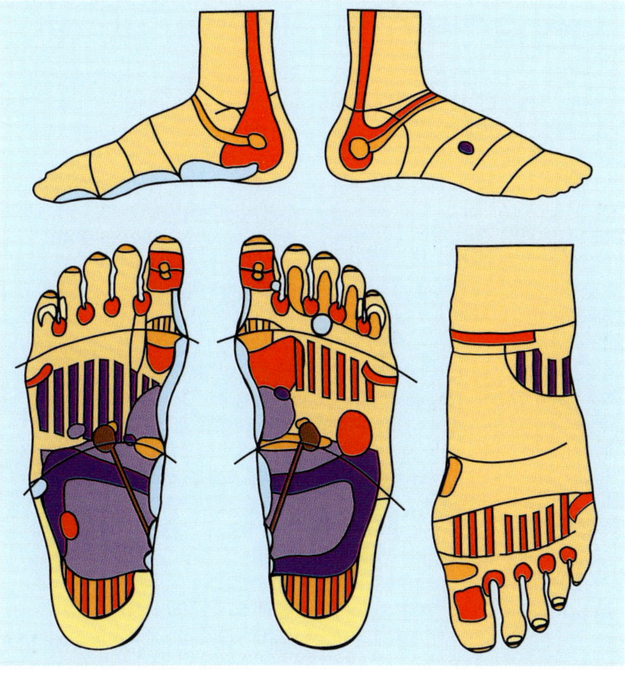

# Blähungen

In einem gesunden Verdauungstrakt arbeiten die Organe Hand in Hand an der vollständigen Zerkleinerung und Verwertung der Nahrung. Nach der Vorverdauung durch den Speichel in der Mundhöhle gelangt der Speisebrei in den Magen. Wenn die Magensäure die Nahrung in ihre Bestandteile aufgespalten hat, gelangt der Nahrungsbrei in den Dünndarm. In diesem schlauchartigen, etwa sieben Meter langen Verdauungsorgan wird die Nahrung mit Hilfe von Gallensaft und Bauchspeicheldrüsensekret endgültig in ihre molekularen Bestandteile zerlegt. Durch die poröse Darmwand werden Nährstoffe ausgefiltert; sie diffundieren in die Haargefäße des Blutkreislaufs. Die Nahrungsüberreste gelangen in den Dickdarm, wo sie die Bakterien der Darmflora weiter zersetzen. Dem Brei wird Wasser entzogen, er gelangt in den Mastdarm und wird als Stuhl ausgeschieden.

Ist auch nur einer dieser ineinander greifenden Schritte unvollständig, weil z.B. die Speisen nicht richtig gekaut werden oder die Bakterienbesiedelung des Darms durch Antibiotika dezimiert ist, wird die Verdauung gestört: Ihr Magen macht sich bemerkbar, der Darm rumort, Krämpfe und Unwohlsein sind die Folge.

### Mögliche Ursachen

Wenn Sie häufig unter Blähungen zu leiden haben, dann können unzureichende Kaubewegungen und ein unzureichender Gallenfluss die Verursacher sein. Möglicherweise ist Ihre Magenschleimhaut angegriffen. Sie gibt dann zu wenig Magensäure und Verdauungsenzyme ab, und die Nahrung wird im Magen lediglich anverdaut. Sie kommt unaufgespalten in den Darm. Da der Darm die vollständige Verdauung allein nicht leisten kann, beginnen die Nahrungsüberreste zu gären und zu faulen. Es entwickeln sich Faulgase im Darm.

### Therapieergänzung

Durch eine Umstellung Ihrer Ernährungsweise können Sie Ihren Darm langfristig sanieren: Gegen Blähungen helfen Vitamin A und B-Vitamine. Sie sind in Karotten, Leber, Kohl, Erbsen und Bohnen, in Tomaten, Avocados, Aprikosen und Pfirsichen enthalten. Nehmen Sie gezielt essenzielle Fettsäuren aus Keimölen und pflanzlichen Ölen zu sich, und achten Sie besonders darauf, dass Ihre Nahrung täglich mindestens 50 Gramm Ballaststoffe enthält.

**Symptome bei Blähungen:** Leibschmerzen, Rumoren im Bauch, aufgeblähter Bauch, Abgang von Winden, gesteigerte Gasbildung im Darm, Darmkollern und Darmkrämpfe
**Behandlung:** Massieren Sie die Reflexzonen des gesamten Verdauungsapparats, vom Mund-Rachen-Raum über Speiseröhre, Magen, Bauchspeicheldrüse, Leber, Gallenblase, Milz und Dünndarm bis zu Dickdarm und Mastdarm (siehe Seite 25).
**Behandlungsdauer:** 1- bis 2-mal pro Woche in Langzeittherapie
**Achtung:** Durch Kaffee, Nikotin und Alkohol beeinträchtigen Sie den Muskeltonus im Magen-Darm-Trakt. Blähungen und Verstopfung sind die Folge.

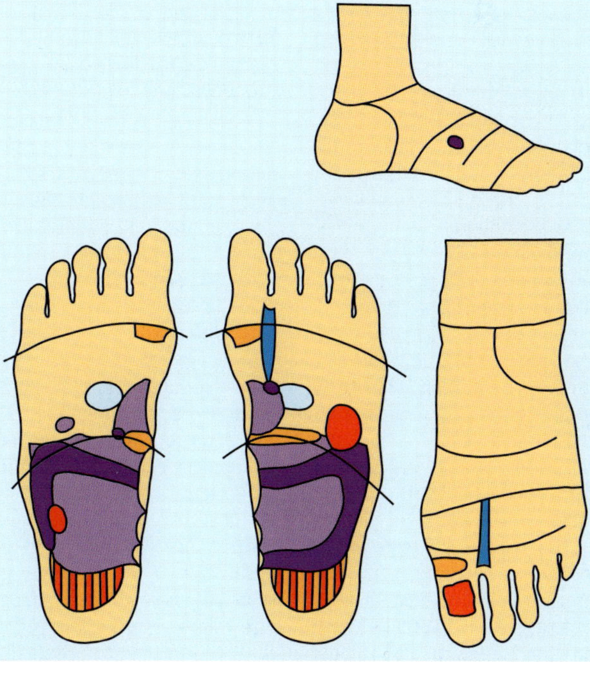

## Blasen- und Harnwegsentzündung

Die Nieren produzieren täglich etwa zwei Liter aus dem Blut gefilterte Stoffwechselschlacken, den Endharn. Dieser Endharn wird über die ableitenden Harnorgane Harnleiter, Harnblase und Harnröhre aus dem Körper ausgeschieden.

Die Harnleiter sind muskulöse, röhrenförmige, mit Schleimhaut ausgekleidete Gefäße. Sie ziehen sich rhythmisch zusammen und beschleunigen so den Abfluss des Harns aus den Nieren in die Blase. Die Harnblase ist ebenfalls ein muskulöses, mit Schleimhaut ausgekleidetes Hohlorgan. Sie hat bis zu zwei Liter Fassungsvermögen. Sie liegt unter dem Bauchfell über dem Schambein und mündet nach unten in die Harnröhre. Über die Harnröhre wird der Harn ausgeschieden. Beim Mann durchzieht sie die Vorsteherdrüse (Prostata) und das Glied. Die Harnröhre der Frau ist wesentlich kürzer als beim Mann, daher sind Harnwegs- und Blaseninfektionen bei Frauen häufiger.

Eigentlich sind die Schleimhäute der Harnorgane gut ausgerüstet, um einem Keimbefall vorzubeugen: Ein Bewuchs aus sich bewegenden Flimmerhärchen transportiert die Keime bei jedem Zusammenziehen der Harnorgane nach außen. Der so genannte Muzinbelag der Schleimhäute verhindert, dass Keime, z. B. Bakterien, zwischen den Flimmerhärchen anhaften und in die Schleimhaut eindringen können. Zu Entzündungen der Harnwege kommt es dennoch, wenn zu viele Bakterien aus dem Enddarm oder aus Entzündungsherden der Geschlechtsorgane in die Blase und in Richtung Nieren wandern.

### Mögliche Ursachen

Neben mangelnder kann auch übertriebene Hygiene zum Keimbefall der Harnorgane führen: Intimsprays zerstören die Schleimhäute. Eine Gebärmuttersenkung kann die Funktion der Blase beeinträchtigen und so zu Entzündungen führen. Infektiöse Erreger nisten sich zudem häufig bei Scheidenausfluss und während der Schwangerschaft in der Blase ein.

Achtung: Eine unzureichend behandelte Blasenentzündung kann sich zu einer Nierenbeckenentzündung entwickeln. Suchen Sie bei den ersten Anzeichen einer Blasen- oder Harnwegsentzündung in jedem Fall den Arzt auf. Besprechen Sie mit ihm die Anwendung der Fußreflexzonenmassage als eine seine Medikation begleitende Therapie.

**Symptome bei Harnwegsentzündungen:** häufiger Harndrang, Brennen beim Wasserlassen, Schmerzen im Unterbauch
**Symptome bei Blasenentzündungen:** gesteigerter Harndrang, bei dem jeweils nur wenig Urin ausgeschieden wird, Schmerzen und Krämpfe beim oder nach dem Wasserlassen, Eintrübung oder blutige Verfärbung des Urins
**Behandlung:** Massieren Sie nacheinander die Reflexzonen der Harnblase, der Harnleiter und der Nieren. Bearbeiten Sie dann die Zonen der Beckenlymphbahnen, der Geschlechtsorgane, der Prostata und der unteren Wirbelsäule.
**Behandlungsdauer:** im akuten Fall täglich, dann 2-mal pro Woche

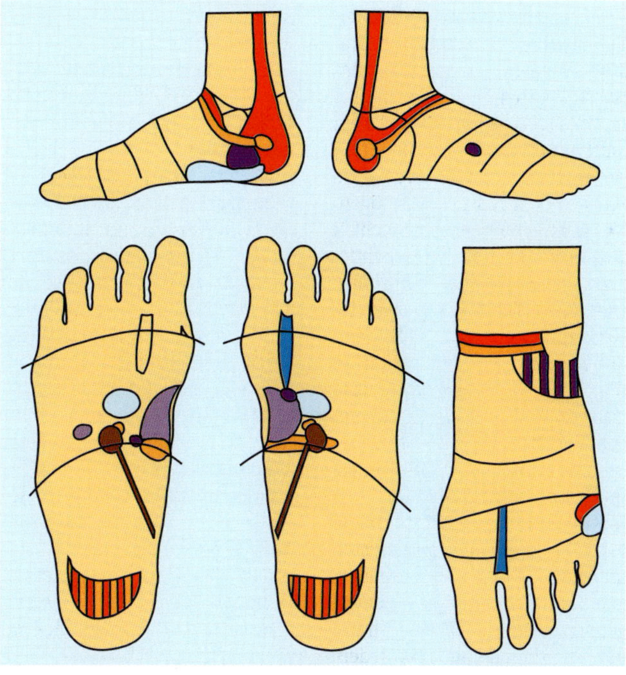

# Blutdruck, hoher und niedriger

Das Herz-Kreislauf-System setzt sich aus Herz, Schlagadern, Arterien, Venen und Kapillargefäßen zusammen. Es sorgt für die kontinuierliche Bewegung und die gleichmäßige Verteilung des Bluts im gesamten Organismus.

Das Blut transportiert über die Arterien Sauerstoff, Nährstoffe und Hormone zu den einzelnen Organen. Durch die Haar- oder Kapillargefäße gelangt das nährstoffreiche Blut in das Gewebe, wo es den Stoffwechsel in den Zellen ermöglicht. Nach dem Stoffaustausch nimmt das Blut neben dem Kohlendioxid alle weiteren im Stoffwechsel entstandenen Abfallstoffe auf und leitet sie über den venösen Kreislauf zur Ausscheidung an Nieren, Leber und Darm weiter. Das kohlendioxidreiche Blut fließt über die Venen in den rechten Vorhof des Herzes. Von dort strömt es in die rechte Herzkammer, die es durch die Lungenschlagader in die Lunge pumpt. In der Lunge findet der Gasaustausch statt: Die roten Blutkörperchen werden vom Kohlendioxid befreit und frisch mit Sauerstoff beladen. Das mit Sauerstoff angereicherte Blut fließt über den linken Vorhof in die linke Herzkammer. Von dort wird es mit hohem Druck in die große Körperschlagader oder Aorta gepumpt.

### Der Blutdruck

Mit Hilfe des sich rhythmisch zusammenziehenden Herzmuskels und der Muskulatur der Gefäßwände wird das Blut in Bewegung gehalten. Wenn der Herzmuskel sich zusammenzieht (Systole), wird das Blut aus der linken Herzkammer in die Schlagader und von dort in die Arterien gepumpt, der Druck in den Gefäßen steigt. Erschlaffen die Herzmuskeln (Diastole), nimmt der Druck ab. Der Druck, mit dem der Blutstrom in den Gefäßen bewegt wird, schwankt folglich mit dem Herzschlag. Beim Messen des Blutdrucks werden der maximale und der minimale Druck in den Gefäßen festgestellt. Daher werden Blutdruckwerte immer mit zwei Zahlen angegeben, z.B. beträgt der optimale Wert 120/80 mmHg.

Je nach Belastung schwankt der Blutdruck, daher sollten Sie beim Messen dieselben äußeren Bedingungen einhalten: Messen Sie Ihren Blutdruck nicht nach körperlicher Belastung und nicht nach Mahlzeiten, sondern in Ruhe, am besten sitzend. Messen Sie stets am selben Arm und immer zur gleichen Tageszeit.

### Zu hoher Blutdruck – Hypertonie

Von Hypertonie spricht man, wenn mehrere Messungen zu verschiedenen Tageszeiten regelmäßig Blutdruckwerte über 160/90 mmHg ergeben.

Ein zu hoher Blutdruck ist ein Risikofaktor für Herz- und Gefäßkrankheiten, da er sowohl das Herz als auch die Blutgefäße ständig überbelastet.

### Zu niedriger Blutdruck – Hypotonie

Es handelt sich um Hypotonie, wenn mehrere Messungen zu unterschiedlicher Tageszeit einen systolischen Blutdruckwert von unter 100 mmHg aufweisen.

Zu niedriger Blutdruck beeinträchtigt das Lebensgefühl: Er macht müde und schlaff und senkt die körperliche und geistige Leistungsfähigkeit. Zudem führt er zu Konzentrationsschwierigkeiten und übermäßigem Schlafbedürfnis. Ernsthafte Folgeerkrankungen löst er jedoch nicht aus.

### Mögliche Ursachen der Hypertonie

Die häufigsten Verursacher von Bluthochdruck sind organische Veränderungen des Gefäßsystems. Durch fett- und kalkartige Ablagerungen an den Innenwänden der Arterien verlieren die Blutgefäße einerseits an Elastizität, andererseits verringert sich ihr Volumen. Da die durchfließende Blutmenge jedoch gleich bleibt, erhöht sich der Druck, mit dem sich das Blut in den Gefäßen bewegt.

Der Blutdruck kann auch durch Stress beeinträchtigt werden: Optische und akustische Reizüberflutung, beständige Anspannung und Hetze, chronische Übermüdung und Überanstrengung beeinflussen das vegetative Nervensystem, das die Spannung der Blutgefäße reguliert: Es steigert in ihnen die Spannung, und somit steigt auch der Blutdruck. Weitere mögliche Auslöser von Bluthochdruck können chronische Nierenleiden oder Fehlfunktionen innerer Drüsen, z. B. der Nebennieren, sein.

### Mögliche Ursachen der Hypotonie

Wie Hektik und Stress über das vegetative Nervensystem eine Anspannung der Gefäße auslösen, führen Depression, Trauer, Unlust zu einer Entspannung der Gefäße. Der Blutdruck sinkt. Blutverlust durch Menstruation, aber auch Blutzucker- und Nährstoffmangel können ebenfalls Auslöser einer Hypotonie sein.

Beziehen Sie also neben organischen Befunden in die Auswertung der Messdaten auch Ihr see-

lisches und emotionales Befinden mit ein: Schmerz, Kummer, Angst und Unsicherheit verändern den Blutdruck maßgeblich. Blutdruckschwankungen sind keine Krankheit, sondern das Symptom einer krankhaften Veränderung Ihres Organismus.
Daher sollten Sie bei allen Kreislauf- und Durchblutungsbeschwerden unverzüglich einen Arzt aufsuchen. Besprechen Sie mit ihm, inwieweit eine Behandlung durch Fußreflexzonenmassage hilfreich ist.

### Therapieergänzung

Neben der Behandlung durch die Fußreflexzonenmassage sollten Sie bei Hypertonie Ihre Lebensführung konsequent ändern. Stellen Sie Ihre Ernährung um: Halten Sie eine kochsalzarme, vitamin- und ballaststoffreiche Diät ein. Schränken Sie die Zufuhr gesättigter, tierischer Fette drastisch ein. Nehmen Sie stattdessen pflanzliche Fette und Öle zu sich (Leinöl, Olivenöl, Maisöl, Weizenkeimöl etc.), denn ungesättigte Fette hemmen das Fortschreiten einer Arterienverkalkung. Sie sollten kaliumreich essen und auf Kaffee, Alkohol und Zigaretten verzichten. Eine Umstellung auf vegetarische Kost ist ebenfalls sinnvoll. Reduzieren Sie langfristig ein eventuelles Übergewicht, und achten Sie auf ausreichend Schlaf. Leichte sportliche Betätigung, wie z. B. Laufen, Wandern und Radfahren, ist sinnvoll.
Bei Hypotonie sollten Sie auf eine hohe Zufuhr von Vitaminen der B-Gruppe und auf eine ausreichende Versorgung mit Chrom und Jod achten. Sorgen Sie außerdem für reichlich Flüssigkeitszufuhr, ca. drei bis vier Liter pro Tag. Meiden Sie Kaffee, Zigaretten und Alkohol. Körperliches Ausdauertraining wie Joggen oder Schwimmen führt langfristig zu ausgeglicheneren Blutdruckwerten. Hilfreich sind auch kneippsche Güsse oder morgendliche Bürstenmassagen.

**Symptome bei Hypertonie:** Herzklopfen, Schwindel, Wahrnehmung des Pulsschlages als Echo im Kopf oder als Pochen in Hals und Brust, Schlafstörungen, Atemnot, Kopfschmerzen, Nasenbluten
**Symptome bei Hypotonie:** Müdigkeit, Mattigkeit, übermäßiges Schlafbedürfnis, Schwindel, Ohnmachtsanfälle, Hautblässe, Schweißausbrüche, Wetterfühligkeit, Sehstörungen; typisch ist, dass die Beschwerden im Liegen verschwinden.

**Behandlung bei Hypertonie:** Massieren Sie die Zonen der Drüsen – Hypophyse, Epiphyse, Schilddrüse, Thymusdrüse und Nebennieren. Dann behandeln Sie die Zonen des Nackens, der Wirbelsäule, der Verdauungs- und Unterleibsorgane. Überprüfen Sie die Zonen der Zähne, der Gallenblase und der Nieren auf Störungen. Zuletzt massieren Sie leicht die Reflexzonen des Herzes, des Kopfs und des Solarplexus. Die Herzzone liegt auf der linken, ihre Bezugszone auf der rechten inneren Fußsohle unterhalb des Zehenballens.
**Behandlung bei Hypotonie:** Die Reflexzonentherapie wird in derselben Reihenfolge wie bei Hypertonie angewendet.
**Behandlungsdauer:** 1- bis 2-mal pro Woche in Langzeittherapie

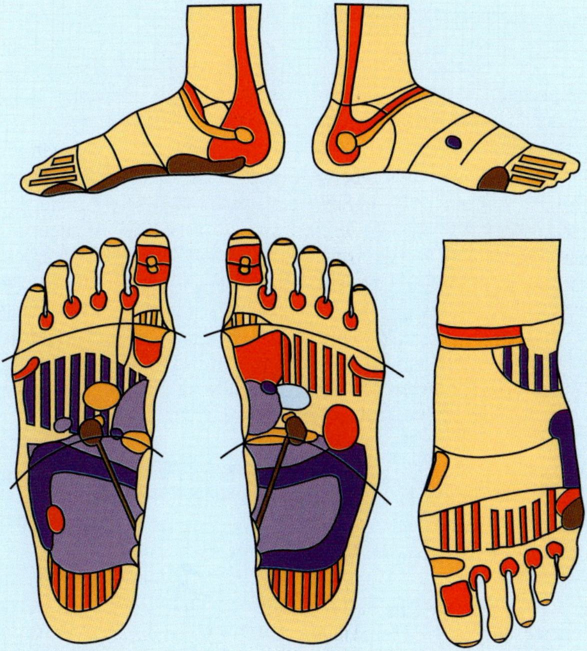

## Bronchitis

Die Bronchien gehören zum System der Atmungsorgane: Die Luftröhre teilt sich auf der Höhe des vierten Brustwirbels in zwei Äste, die Hauptbronchien. Der rechte Hauptbronchus ist dabei kürzer und spitzwinkliger gestellt als der linke, in ihm finden sich daher häufiger Fremdkörper als im linken. Der rechte Hauptbronchus teilt sich zunächst in drei Äste, der linke in zwei, die so genannten Lappenbronchien. An jedem dieser Äste hängt je ein Lungenlappen. Die Lappenbronchien verzweigen sich mehrfach weiter und bilden ein baumartiges System, den so genannten Bronchialbaum. Die feinsten Äste dieses Baums, die Endbronchien, sind nur einen Millimeter weit und zum Teil bereits mit Lungenbläschen besetzt.

### Mögliche Ursachen

Pro Atemzug atmet der Mensch etwa einen halben Liter Luft ein und aus. Bei vertiefter Atmung kann diese Menge verdreifacht werden. Mit der angefeuchteten Atemluft gelangen Staub, Schadstoffe und Krankheitserreger ins Körperinnere. Die Haupt- und Lappenbronchien sind innen mit Schleimhaut, mit Flimmerepithel und mit Drüsen ausgekleidet, die diese Krankheitserreger mit Schleim umhüllen und sie mechanisch nach außen befördern. Zu einer Infektion der Schleimhäute der Bronchien kommt es, wenn Viren und Bakterien durch die Flimmerhärchen nicht abgefangen werden und sich auf den Bronchialschleimhäuten festsetzen. Sie reizen die Schleimhäute, lassen sie anschwellen und schwächen ihre Abwehrmechanismen. Die Folge: Mehr und mehr Bakterien setzen sich fest und dringen in die feinen Verästelungen des Bronchialbaums ein. Selbst durch heftiges Husten kann der Körper die Atemwege nicht mehr von den Fremdkörpern befreien. Die Bronchien entzünden sich.

### Therapieergänzung

Stärken Sie Ihre Immunabwehr durch Zufuhr von Vitamin C und Vitamin A. Reinigen Sie die Schleimhäute durch Inhalationen, und halten Sie die Atemluft feucht.

Vorbeugend sorgen Atemübungen für eine gute Durchlüftung derjenigen Lungenpartien, die bei der normalen, flachen Atmung nicht versorgt werden.

Zur Stärkung der allgemeinen Abwehrkraft helfen Abhärtung durch kalte Duschen und viel Bewegung an der frischen Luft.

**Symptome bei Bronchitis:** Kopfschmerzen, Heiserkeit, trockener Husten, Kratzen und Stechen hinter dem Brustbein, Temperaturanstieg, ab dem dritten Tag eitriger Auswurf beim Abhusten
**Behandlung:** Massieren Sie die Zonen der Stirnhöhle und der oberen Lymphwege, dann die Zonen von Milz und Nieren, schließlich die übereinanderliegenden Zonen von Solarplexus und Zwerchfell, die Zonen von Lunge, Bronchien und Nasen-Rachen-Raum.
**Behandlungsdauer:** 10 bis 15 Behandlungen, 2- bis 3-mal pro Woche
**Achtung:** Infektionen der Atemwege werden durch Rauchen begünstigt. Rauch zerstört die Schleimhäute und das Flimmerepithel.

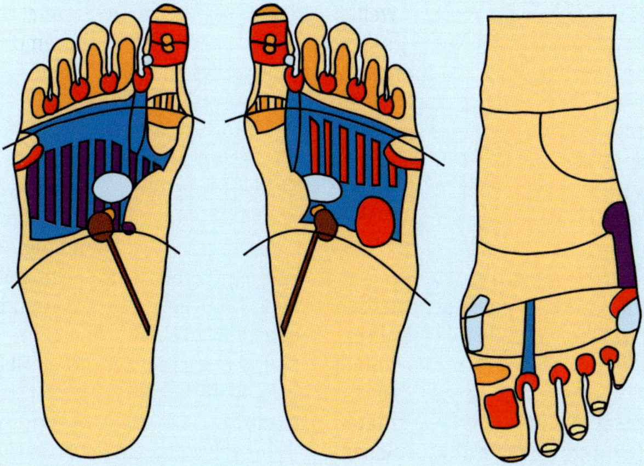

# Darm- und Magengeschwür

Der Magen ist eine erste Sammelstation für Flüssigkeit und Nahrungsbrei. Er muss sämtliche durch den Mund zugeführten Schad- und Reizstoffe aufnehmen. Er ist in beständiger Tätigkeit: Die Magenwand zieht sich mit Hilfe der Magenmuskeln rhythmisch zusammen und vermischt so den Mageninhalt. Die Verdauungsdrüsen der Magenschleimhaut produzieren täglich bis zu zwei Liter Magensäure und Verdauungsenzyme. Wird die Magenschleimhaut wiederholt gereizt, kann es am Magenausgang, am Magenpförtner oder im Anfangsbereich des Zwölffingerdarms zu Defekten kommen. Die Schleimhaut des Magens oder Darms entzündet sich. Wird diese Entzündung nicht behandelt, kann sie sich auch auf tiefere Muskelschichten des Magensacks oder der Darmwand ausdehnen. Sie kann sogar den Bauchfellüberzug beider Organe in Mitleidenschaft ziehen.

### Mögliche Ursachen

Magen und Darm sind auch Angriffspunkt vieler psychosomatischer Störungen, da sie vom vegetativen Nervensystem durchzogen und beeinflusst werden. Neben einer unregelmäßigen Lebensführung, falscher oder zu hastiger Ernährungweise sowie dem Missbrauch von Alkohol und Nikotin oder Medikamenten können Stress und seelische Konflikte Auslöser eines Magengeschwürs (Ulcus ventriculi) oder eines Zwölffingerdarmgeschwürs (Ulcus duodeni) sein.

Jüngere Untersuchungen beweisen, dass ein Mikroorganismus namens Helicobacter pylori an der Entstehung von Magenschleimhautentzündungen beteiligt ist. Die Chancen dieses Mikroorganismus, sich in der Magenwand festzusetzen, sind umso größer, je schwächer das Immunsystem ist.

### Therapieergänzung

Meiden Sie Alkohol, Nikotin, Kaffee, schwarzen Tee, stark gewürzte Mahlzeiten sowie azetylsalizylsäurehaltige Schmerzmittel (Aspirin). Gönnen Sie sich Ruhe, vermeiden Sie Aufregungen, lernen Sie Entspannungstechniken, und stellen Sie Ihre Ernährung auf Vollwertkost um.

Achtung: Ein nicht behandeltes Geschwür kann durch die Magenwand brechen und in den Bauchraum bluten. Es besteht Lebensgefahr. Treten häufig Geschwüre im Magen auf, steigt das Risiko, an Magenkrebs zu erkranken.

**Symptome bei Magengeschwür:** Völlegefühl, Sodbrennen, häufiges Aufstoßen, nach Nahrungsaufnahme zur linken Körperseite ausstrahlende Schmerzen im Oberbauch, Verstopfung
**Symptome bei Zwölffingerdarmgeschwür:** Schmerzen bei nüchternem Magen (Hungerschmerz), Völlegefühl, Sodbrennen, häufiges Aufstoßen, Erbrechen
**Behandlung:** Massieren Sie die Reflexzonen von Epiphyse, Hypophyse, Schädelbasis, Bauchspeicheldrüse, Dünn- und Dickdarm, Leber, Gallenblase, Bauchraum, Solarplexus und Magen.
**Behandlungsdauer:** im akuten Fall 2- bis 3-mal pro Woche, in chronischen Fällen 2-mal wöchentlich in Langzeittherapie

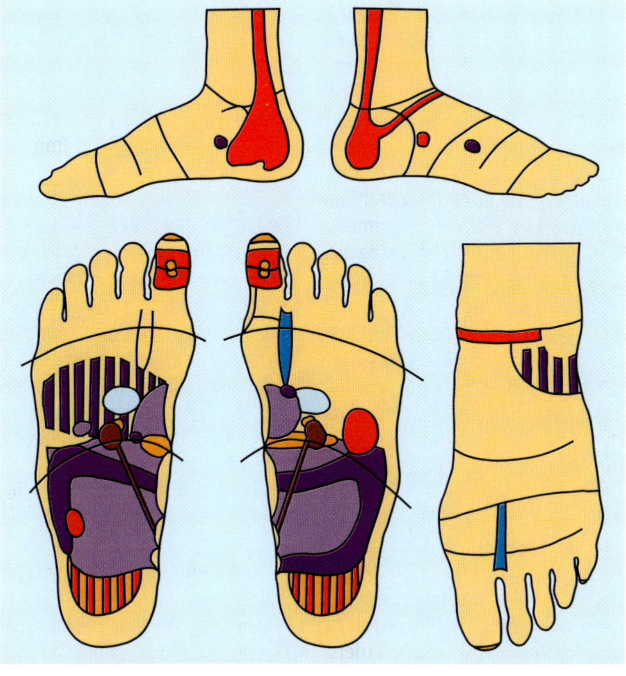

# Diabetes mellitus

Der im Volksmund Zuckerkrankheit oder kurz Diabetes genannten Krankheit liegt eine Störung des Stoffwechsels zugrunde: Traubenzucker und seine Abbauprodukte werden nicht verarbeitet. Ursache dieser Störung ist ein Mangel an Insulin.

Insulin ist ein Hormon, das in den B-Zellen der Langerhansschen Inseln in der Bauchspeicheldrüse (Pankreas) hergestellt wird. Sein Gegenspieler, das Glukagon, wird in den A-Zellen der Langerhansschen Inseln produziert. Das Insulin hat innerhalb des Stoffwechsels die Aufgabe, den Zuckergehalt des Bluts in bestimmten Grenzen zu halten: Unter 60 mg/dl sollte er nicht absinken und nicht über 140 mg/dl ansteigen. Ein Basisbedarf an Insulin muss also ständig im Blut zirkulieren. Ist zu viel Zucker im Blut, sorgt das Hormon Insulin dafür, dass Leberzellen, Fett- und Muskelzellen den Zuckerüberschuss speichern.

Messen die den Hormonhaushalt steuernden Drüsen (Hypophyse und Hypothalamus) einen zu niedrigen Zuckergehalt im Blut, veranlasst der Gegenspieler Glukagon die Leber, den gespeicherten Zucker auszuschütten.

### Mögliche Ursachen

Insulinmangel entsteht, wenn die Inselzellen vermindert Insulin produzieren, oder wenn sie als Folge körpereigener Abwehrreaktionen zerstört werden (Diabetes Typ I). Die Folge ist eine eingeschränkte Verwertungsmöglichkeit des durch den Abbau von Kohlenhydraten entstehenden Zuckers. Der Blutzuckerspiegel steigt, es kommt zu einer Überzuckerung (Hyperglykämie), die sich bis zur Stoffwechselvergiftung steigern kann (Koma diabeticum). Beim Diabetes Typ II sind die Fettzellen des Patienten unempfindlich gegenüber Insulin geworden. Die Bauchspeicheldrüse muss folglich erheblich mehr Insulin produzieren, damit die Fettzellen den Zucker speichern. Diese Überproduktion erschöpft die Drüse.

### Therapieergänzung

Beide Arten des Diabetes gehören in strenge ärztliche Behandlung. Neben Diät, Insulinbehandlung und viel körperlicher Bewegung ist es hilfreich, das Normalgewicht einzuhalten und Alkohol und Nikotin zu meiden. Die Empfängnisverhütung sollte nicht per »Pille« stattfinden. Wird Diabetes nicht behandelt, stellen sich Schäden an Gefäßen, Nieren, Augen und Nerven ein.

**Symptome bei Diabetes:** großer Durst, häufiges Wasserlassen, Müdigkeit, Konzentrationsstörungen, Heißhunger, Verschlechterung der Sehfähigkeit, verminderte Durchblutung der Extremitäten
**Symptome eines diabetischen Komas:** trockene Haut, Azetongeruch des Atems, beschleunigtes Ein- und Ausatmen, Bauchschmerzen, Krämpfe, Bewusstseinstrübung bis Bewusstlosigkeit
**Behandlung:** Bei Typ-II-Diabetes mit Restfunktion der Inselzellen sollten Sie erst alle Zonen des Verdauungstrakts massieren und dann intensiv Solarplexus, Leber, Gallenblase und Pankreas.
**Behandlungsdauer:** bei Ansprechen 1- bis 2-mal pro Woche in Langzeittherapie

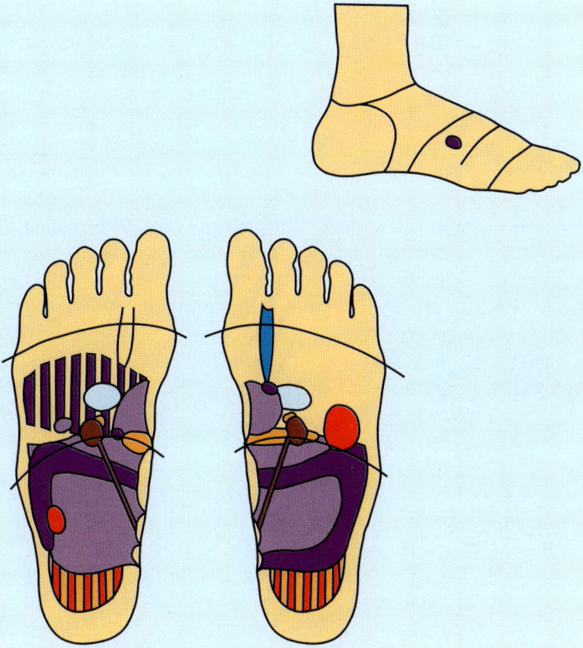

# Durchfall

Durchfall oder Darmkatarrh ist keine Krankheit, sondern oft die Folge oder das Symptom einer entzündlichen Erkrankung im Darmbereich. Auslöser ist meist eine Entzündung der Dünndarmschleimhaut. Sie sorgt dafür, dass der Dünndarm seiner eigentlichen Funktion, nämlich der Abgabe von Flüssigkeit und Nährstoffen in den Blutkreislauf, nicht mehr nachgeht, sondern sich gegenteilig verhält: Der Darm entzieht dem Organismus Flüssigkeit und Elektrolyte, um die Erreger seiner Entzündung auszuschwemmen. Gelingt ihm diese Selbstreinigung nicht, kann sich die Entzündung auf den Dickdarm, den Enddarm oder auf die Magenschleimhaut ausdehnen. Im Fall von Dickdarmentzündung herrscht neben den angegebenen Symptomen Druckempfindlichkeit im Oberbauch. Bei Entzündungen des Enddarms kommt es zu schmerzhaftem Stuhldrang ohne Entleerung.

### Mögliche Ursachen

Als Erreger der Darmentzündung kommen Bakterien, Viren und verschiedene Einzeller in Betracht. Übermäßiger Genuss von durchfallverursachenden Lebensmitteln wie Pflaumen oder Feigen oder starker Alkohol- und Nikotinkonsum kann ebenfalls Durchfall auslösen. Ursache kann auch Enzymschwäche sein: Das Milchzucker spaltende Enzym Laktase funktioniert vermindert oder gar nicht: Milchprodukte werden lediglich anverdaut und reizen die Darmschleimhaut.

Durchfall kann auch psychisch bedingt sein: Probleme am Arbeitsplatz oder Konflikte mit Kindern, Partnern oder Eltern können zu Darmfunktionsstörungen und damit zu Durchfall führen.

### Therapieergänzung

Durchfallerkrankungen sollten nicht auf die leichte Schulter genommen werden, denn Durchfall kann aufgrund des hohen Flüssigkeitsverlusts zu Kreislaufschock oder Nierenversagen führen. Besondere Gefahr besteht, wenn Durchfall von Erbrechen begleitet wird. Daher sollte dem Durchfallpatienten massiv Flüssigkeit zugeführt werden: Bis zu fünf Liter Kräutertee, schwarzer Tee, stilles Mineralwasser oder isotonische Getränke sind ein Muss. Bettruhe und Warmhalten des Unterbauchs sind sinnvoll.

Achtung: Suchen Sie einen Arzt auf, wenn sich die Symptome nicht nach zwei Tagen bessern, wenn Blut im Stuhl, Fieber oder Gliederschmerzen auftreten.

**Symptome bei Durchfall:** spontan einsetzende Leibschmerzen, Darmkrämpfe verbunden mit Blähungen, akut auftretender Stuhldrang, ungeformter breiiger bis wässriger Stuhl, Übelkeit, Durst, Schweißausbrüche und Fieber
**Behandlung:** Massieren Sie die Reflexzonen des Magenausgangs, des Dünndarms und des Dickdarms. Behandeln Sie dann die Zonen der Bauchspeicheldrüse, des Magens, der Leber und der Gallenblase. Zuletzt massieren Sie die Reflexzone des Solarplexus und nacheinander sämtliche Drüsenzonen.
**Behandlungsdauer:** 1-mal täglich, bis Besserung eintritt, jedoch nicht länger als 3-mal, danach den Arzt aufsuchen

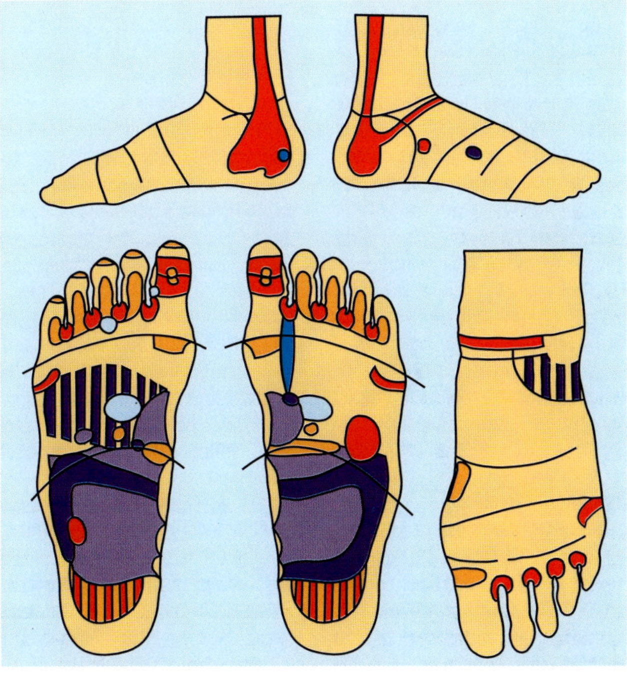

# Gallenblasenleiden, Gallensteine

Die Leber produziert zur Fettverdauung bis zu einem Liter Gallenflüssigkeit am Tag, die sie vorübergehend in der Gallenblase speichert, bis sie von dort aus über den Gallengang in den Zwölffingerdarm geleitet wird. Die Gallenblase ist ein dünnwandiger, birnenförmiger Schleimhautsack aus glatter Muskulatur.

### Mögliche Ursachen

Gallensteine entstehen aufgrund von Stoffwechselstörungen in der Leber. Aus Eiweiß, Bilirubin, Cholesterin oder Kalzium bilden sich sandkorngroße Kristalle, der so genannte Gallengrieß, später können die Kristalle die Größe von Kieselsteinen erreichen.
Diese Kristalle machen zunächst keine oder nur diffuse Beschwerden: Die meisten Gallensteine werden zufällig bei röntgenologischen Untersuchungen entdeckt. Jede fünfte Frau und jeder zehnte Mann sind davon betroffen.
Zu Beschwerden führen die Gallensteine jeweils dann, wenn sie den Ausführungsgang der Gallenblase oder die Gallengänge selbst verstopfen. Es kommt zur Gallenkolik oder zur Gallenblasenentzündung, in manchen Fällen auch zu Gelbsucht. Die Koliken vergehen meist innerhalb von drei Tagen, wenn sie mit heißen und kalten Wickeln, mit Breikost, Kräutertees und krampflösenden Mitteln behandelt werden. Sie können aber plötzlich wieder auftreten.
Bei anhaltenden sowie bei wiederholt auftretenden Koliken, bei hohem Fieber und Gelbsucht sollten Sie unbedingt den Arzt aufsuchen. Die Gallensteine müssen schlimmstenfalls operativ entfernt werden.

### Therapieergänzung

Fettreiche Ernährung, Ballaststoffmangel und hoher Zuckerkonsum tragen zur Bildung von Gallensteinen bei. Zu wenig Vitamin C und Vitamin E können das Risiko, Gallensteine zu entwickeln, erhöhen. Eine Umstellung der Ernährung von tierischen Fetten auf pflanzliche Fette und von Weißmehlprodukten auf Vollkornprodukte ist angeraten. Vitamin-C- und Vitamin-E-reiche Gemüse sind vor allem Petersilie, Rote Bete, Sojabohnen, Spargel und Spinat.
Achtung: Unbehandelte Gallenkoliken können zur Vereiterung der Gallenblase, zur Gallenstauung mit Folgeschäden der Leber, zur Entzündung der Bauchspeicheldrüse und zu Krebserkrankungen der Gallenblase führen.

**Symptome:** unklare Schmerzen im Oberbauch, Übelkeit, dann heftige, bis in die rechte Schulter ausstrahlende Krämpfe im Oberbauch, verbunden mit Erbrechen, Schweißausbruch, Fieber und Schwindelgefühl
**Behandlung:** Massieren Sie die Zonen der rechten Schulter und des rechten Arms, danach die Reflexzonen von Magen, Bauchspeicheldrüse, Dünn- und Dickdarm sowie die Zone des gesamten Bauchraums. Zuletzt behandeln Sie die Zone des Solarplexus und die Leber-Gallenblasen-Zone.
**Behandlungsdauer:** im akuten Fall 2- bis 3-mal pro Woche, in chronischen Fällen 2-mal wöchentlich in Langzeittherapie

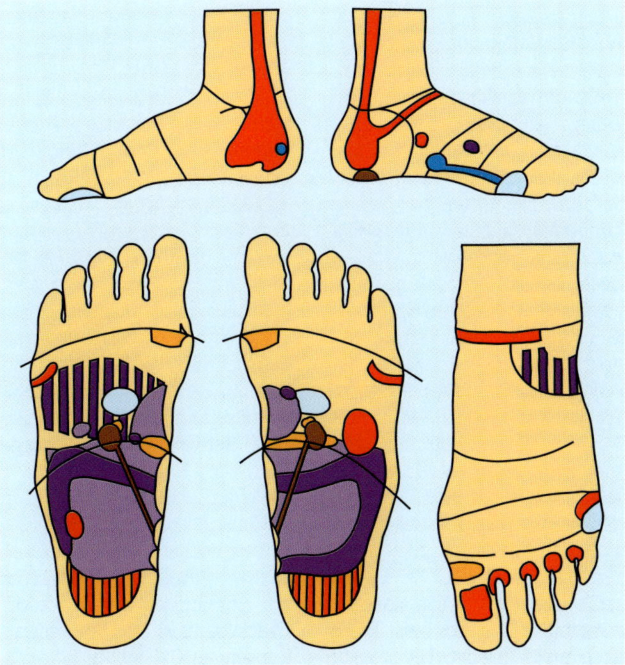

## Gastritis

Wenn der Magen gereizt ist und die Magenschleimhaut entzündet, spricht man von einem nervösen Magen oder einer Magenschleimhautentzündung oder einer Gastritis.
Der Magen, ein sackförmiges, etwa eineinhalb bis zweieinhalb Liter fassendes Organ, besteht aus Magenwand, Magenmuskeln und Magenschleimhaut. In den Zellen der Magenschleimhaut wird der zur Verdauung notwendige Magensaft hergestellt. Er hat einen Säurewert zwischen pH 3,0 und pH 1,2. Die Säure löst Schwerverdauliches auf und tötet Krankheitserreger ab.
Bei Stress veranlasst das Gehirn über den Vagusnerv (wichtigster Verdauungsnerv) das vegetative Nervensystem, mit der Stimulation der Magenschleimhautzellen zu beginnen. Als Konsequenz wird mehr Magensäure produziert. Das Ziel ist ein höherer Säurewert im Magensaft, da er eine für die Stressbewältigung notwendige höhere Eiweißzufuhr zu sämtlichen Körperzellen fördert.
Ist der Magen gefüllt, macht ihm diese Säureüberflutung wenig aus. Ist der Magen jedoch leer, greift die Salzsäure statt der Nahrungsmittel die Magenschleimhaut selbst an, und das führt zu Schmerzen im Oberbauch, zu Sodbrennen und langfristig zu Magen- und Zwölffingerdarmgeschwüren (siehe Seite 44f.)

### Mögliche Ursachen

Magenbeschwerden sind häufig das Resultat von Überforderung, unterdrückter Aggression oder andauerndem Stress. Sie können jedoch auch durch eine grundlegend falsche Ernährung bedingt sein: Zur Neutralisation des vom Magen abgegebenen, sauren Speisebreis im Zwölffingerdarm benötigt der Körper basische Stoffe. Einerseits werden diese in Leber und Bauchspeicheldrüse produziert, andererseits sollten sie mit der Nahrung zugeführt werden. Die besten Basenlieferanten sind Kartoffeln, Obst, Wurzel- und Blattgemüse, Milch, Sahne und stilles Mineralwasser. Säure wird im Körper erzeugt durch zuckerhaltige Speisen und Getränke, durch Weißmehlprodukte, Fleisch, Innereien und Kaffee.

### Therapieergänzung

Regelmäßige Entspannungsübungen (Yoga, Atemübungen) können Magenschmerzen vorbeugen. Eine vollwertige, basenhaltige Ernährung, die in Ruhe und regelmäßig eingenommen wird, ist ebenso sinnvoll wie der Verzicht auf Alkohol und Nikotin.

**Symptome:** Magenschmerzen, Magenkrämpfe, Sodbrennen, Aufstoßen, Übelkeit und Brechreiz, Druck- und Völlegefühl, Blähungen und Verstopfung, Appetitlosigkeit
**Behandlung:** Massieren Sie die Reflexzonen von Hypophyse, Epiphyse, Schädelbasis, Bauchspeicheldrüse, Dünn- und Dickdarm, Leber, Gallenblase, Bauchraum, Solarplexus und Magen.
**Behandlungsdauer:** im akuten Fall 2- bis 3-mal pro Woche, in chronischen Fällen 2-mal wöchentlich in Langzeittherapie
**Achtung:** Als von innen wirkende Ursachen kommen Infektionskrankheiten (Masern, Scharlach, Hepatitis) sowie Leber- und Gallenblasenerkrankungen und allergische Reaktionen infrage.

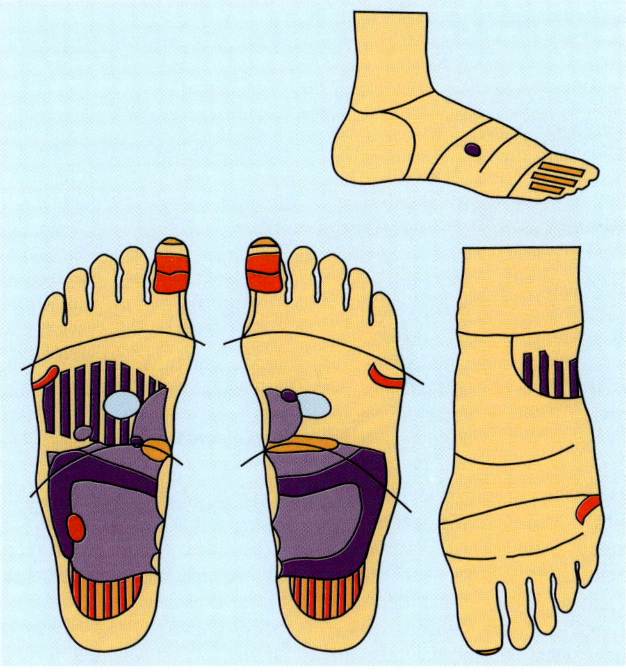

# Gefäß-erkrankungen

Das unendlich verzweigte Blutgefäßsystem des menschlichen Körpers ist ein aus mehreren Schichten aufgebautes Röhrensystem: Die Gefäße besitzen eine Außenschicht aus Bindegewebe, Kollagen und Elastinfasern, eine Zwischenschicht aus Muskelzellen und eine Innenschicht, die Endothelzellen. Die Muskelzellen sorgen dafür, dass die Gefäße sowohl auf den sich ständig ändernden Blutdruck reagieren können als auch den Blutstrom mechanisch weiterleiten.

**Das Blut – ein Transportorgan**

In den Gefäßen zirkulieren nicht nur rote und weiße Blutkörperchen, Hormone und Blutplättchen, sondern auch Kalzium-, Eiweiß- und Fettmoleküle. Die mit der Nahrung aufgenommenen Fette (Lipide) setzt der Körper mit Eiweißmolekülen zu kugelähnlichen Gebilden zusammen und transportiert sie über die Blutbahn zur Energiegewinnung in die Zellen. Diese Fett-Eiweiß-Stoffe sind unterschiedlich zusammengesetzt. Fett-Eiweiß-Stoffe mit hoher Dichte (High Density Lipoprotein oder HDL-Cholesterin) entstehen, wenn dem Körper ungesättigte Fettsäuren zugeführt werden, beispielsweise pflanzliche Öle und Fette. Gesättigte Fettsäuren (tierische Fette, fettes Fleisch, Fisch und Innereien) hingegen kann der Organismus nur zu Fett-Eiweiß-Stoffen mit geringer Dichte (Low Densitiy Lipoprotein oder LDL-Cholesterin) zusammenfügen.

Die Konsequenz: Die Fett-Eiweiß-Moleküle können die Membranen der Körperzellen nicht passieren und zirkulieren frei im Blut. Dort verankern sie sich in kleinen Rissen oder Verletzungen der Gefäßinnenwände. Über diesen unerwünschten Ablagerungen bildet der Körper als Abwehrreaktion eine Kappe aus Blutplättchen und dem Blutgerinnungsstoff Fibrinogen. Somit wird das Gefäß enger. Weitere Fett-Eiweiß-Moleküle, Gerinnungsproteine und Kalziummoleküle stauen sich an diesem Engpass. Das Blutgefäß wird enger und die Wand dicker.

Der Verdickung des Gefäßes folgt eine zunehmende Verhärtung (im Volksmund Verkalkung genannt) und schließlich die Erstarrung des Gefäßes, die Arteriosklerose. Nur noch ein dünner Blutstrom kann die Arterie passieren. Diejenigen Organe und Gewebe, die von dem verkalkten Gefäß versorgt werden, bleiben unterversorgt und sind in ihrer Funktion eingeschränkt.

**Mögliche Ursachen**

Die Arteriosklerose ist eine ausgesprochene Zivilisationskrankheit und meist auf Ernährungsfehler und Bewegungsmangel zurückzuführen. Diabetes, Nierenschwäche und Bluthochdruck begünstigen die Entstehung von Arteriosklerose.

**Durchblutungsstörungen**

Je nachdem, welches Gefäß von der Verkalkung betroffen ist, sind die Symptome verschieden. Ist die das Bein versorgende Arterie verstopft, treten zunächst Schmerzen in Zehen und Waden bei körperlicher Belastung auf. Später schmerzt das Bein auch in Ruhestellung. Bleibt die Durchblutungsstörung unbehandelt, sind Schäden in Haut und Muskelgewebe die Folge, was dazu führt, dass das Gewebe schließlich abstirbt. In schweren Fällen muss das betroffene Bein amputiert werden.

**Angina pectoris**

Das Herz ist auf eine optimale Blutversorgung angewiesen. Diese Versorgung garantiert der beständig arbeitende Herzmuskel. Sind die den Herzmuskel versorgenden Herzkranzgefäße schlecht durchblutet, leidet auch der Herzmuskel an Sauerstoffmangel. Zudem werden die im Stoffwechsel gebildeten Schlacken nicht aus dem Muskel abtransportiert. Auf diese Behinderung reagiert der Muskel mit einer Schmerzattacke, der so genannten Angina pectoris oder Brustenge. Wird die Sklerose der Herzkranzgefäße nicht behandelt, wiederholen sich die Anfälle, der Herzmuskel wird zunehmend geschädigt.

**Herzinfarkt**

Versiegt der Blutstrom eines der den Herzmuskel versorgenden Kranzgefäße, kommt es zum Herzinfarkt. Ursächlich für den Blutstillstand ist der vollständige Verschluss eines Kranzgefäßes. Meist ist es ein Blutgerinnsel, das die bereits verengte Arterie verstopft. Der von der Arterie mit Blut versorgte Herzmuskelteil stirbt ab. Wenn eines der großen Herzkranzgefäße verschlossen wird, kommt es zum schweren Herzinfarkt, der unter Umständen tödlich endet.

**Zerebralarteriosklerose**

Sind die das Gehirn versorgenden Blutgefäße sklerotisch verengt, kommt es zu einer ungenügenden Versorgung des Gehirns mit Blut und Sauerstoff. Schwindelanfälle, Orientierungsprobleme, Gemütsleiden, Sprach- und Sehstörungen sind u.a. die Folge des Sauerstoffmangels.

**Schlaganfall**

Eine Zerebralarteriosklerose kann zu einem Schlaganfall führen, wenn das verengte Gefäß durch ein Blutgerinnsel endgültig undurchlässig wird und das zugehörige Gehirnareal nicht mehr versorgt. Das Gehirn wird je nach Größe des verstopften Gefäßes leicht oder schwer geschädigt.

**Therapieergänzung**

Wenn Sie einen sehr hohen LDL-Cholesterinspiegel, also mehr als 150 Milligramm LDL-Cholesterin pro 100 Milliliter Blut haben, sollten Sie Ihre Ernährung umstellen: Ersetzen Sie tierische Fette durch ungesättigte pflanzliche Öle und Fette. Ernähren Sie sich Vitamin-E-reich mit Nüssen, Vollkornprodukten, Sprossen und grünem Blattgemüse. Nehmen Sie tierisches Eiweiß in Form von frischem Fisch zu sich. Sorgen Sie auch für eine hohe Zufuhr an Vitamin C durch frisches Obst und Gemüse, denn Vitamin C schützt die Endothelzellen der Blutgefäße vor Rissen und kann bestehende Ablagerungen abbauen.

Eine Fußreflexzonenmassage kann hier eine ärztliche Betreuung nur begleiten, und ihre Anwendung sollte mit dem behandelnden Arzt abgesprochen werden.

Achtung: Rauchen verengt die Gefäßwände zusätzlich und sollte sofort eingestellt werden.

**Symptome bei Durchblutungsstörungen in Armen und Beinen:** Kältegefühl und Blaufärbung an Händen und Füßen, Kribbeln, Taubheit, Muskelschmerzen, schlecht heilende Wunden

**Symptome bei Angina pectoris:** plötzlich auftretender Schmerz in der Herzgegend, der in die linke Schulter und den linken Arm sowie in Hals und Rücken ausstrahlt, Pulsbeschleunigung, Schweißausbruch, Angstattacke

**Symptome bei Herzinfarkt:** schwerer Angina-pectoris-Anfall, Schwäche- bis Ohnmachtsanfall, Schweißausbruch und Todesangst

**Symptome bei Zerebralarteriosklerose:** Gedächtnisschwäche, Nachlassen der geistigen Leistungsfähigkeit, Gemütsleiden

**Symptome bei Schlaganfall:** zentralnervöse Störungen wie Bewusstlosigkeit und Lähmungserscheinungen einzelner Glieder oder einer Körperhälfte, Sprach- und Sehstörungen

**Achtung:** Bei allen Symptomen von Angina pectoris, Herzinfarkt und Schlaganfall sofort den Notarzt rufen.

**Behandlung bei Durchblutungsstörungen:** Harmonisieren Sie alle Körperfunktionen, indem Sie den gesamten Fuß durcharbeiten. Beeinflussen Sie dabei besonders die Reflexzonen der Wirbelsäule, die Lymphzonen des Beckens und des Schultergürtels sowie die Zonen von Darm, Leber, Gallenblase, Drüsen und Solarplexus.
**Behandlung bei Angina pectoris:** Zur Soforthilfe behandeln Sie die Reflex- und die Bezugszone des Herzes, des linken Schultergürtels und des linken Oberarms sowie des Brustbeins. Eine Behandlung der Zonen von Dünndarm, Dickdarm, Nebennieren, Solarplexus und Schilddrüse erfolgt nach ärztlicher Absprache.
**Behandlungsdauer:** 1- bis 2-mal pro Woche in Langzeittherapie

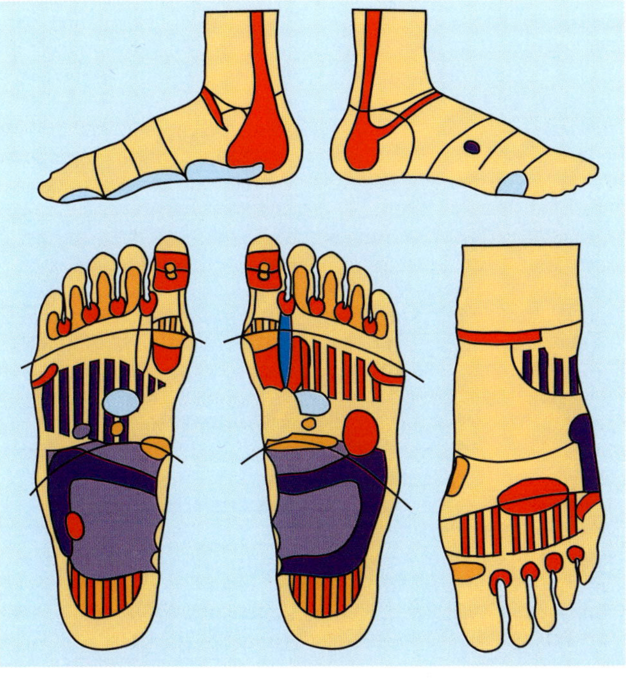

# Gelenkerkrankungen

Die kleinen Knochen des Skeletts sind untereinander durch so genannte Haften verbunden, die großen Knochen des Skeletts durch Gelenke.

Egal ob Kugelgelenk (Schulter und Hüfte), Eigelenk (Handgelenk), Walzengelenk (Ellenbogen und Knie) oder Radgelenk (zwischen dem ersten und zweiten Halswirbel), ein Gelenk setzt sich aus den beiden einander gegenüberliegenden Knochen, der Gelenkkapsel, Sehnen und Bändern zusammen. Die Enden der Knochen sind rundlich verformt und mit Gelenkknorpel überzogen. Zwischen den Gelenkknorpeln liegt der mit Flüssigkeit gefüllte Gelenkspalt. Diese Gelenkflüssigkeit, die zum »Schmieren« des Gelenks dient, wird in der Gelenkkapsel produziert. Das Gelenk wird durch Gelenkbänder oder Knorpelscheiben (Diskus, Meniskus) in seiner Bewegung unterstützt und im Bau verstärkt.

### Gelenkarthrose

Bei der Arthrose ist der Knorpel, der die Flächen, die am Gelenk beteiligt sind, überzieht, geschädigt. Er verliert seine Elastizität, das Knorpelgewebe erneuert sich nicht mehr, es wird rau und schleift sich mehr und mehr ab. Bei Bewegungen des Gelenks reiben schließlich die bloßen Knochen schmerzhaft aneinander. Dieser Belastung ist das Knochenmaterial nicht gewachsen, der Knochen verformt sich, nutzt sich ab und splittert. Es bilden sich Knochenzacken.

### Kniegelenkserkrankung

Das Kniegelenk hat einen walzenförmigen Gelenkkopf am Ende des Oberschenkelknochens und eine zangenförmige Gelenkpfanne am Unterschenkelknochen. Es gestattet Vor- und Rückwärtsbewegungen in einer Achse, es verbietet Drehbewegungen. Zu Meniskus-, Knorpel- und Kapselbandverletzungen am Knie kommt es folglich häufig, wenn der Oberkörper rotiert oder sich weit aus der Vertikalen dreht, während Unterschenkel und Fuß fixiert sind. Das Kniegelenk wird stark belastet, denn es balanciert die Gleichgewichtsverschiebungen beim Gehen aus und es fängt Höhenunterschiede des Geländes ab, z. B. beim Treppensteigen oder Bergwandern. Vor allem die Menisken, die Kreuzbänder und die Seitenbänder des Knies können durch falsche Bewegungen oder durch allzu große Belastung überstrapaziert oder verletzt werden.

### Hüftgelenkserkrankung

Die degenerative Hüftgelenkserkrankung tritt im fortgeschrittenen Alter häufig auf: Jährlich werden allein in Deutschland etwa 60 000 künstliche Hüftgelenke eingesetzt. Die Hüftgelenksarthrose ist ebenfalls durch einen fortschreitenden Verfall und Abbau des Gelenkknorpels gekennzeichnet. Schmerzen bei Belastung und bei Witterungswechsel sind ihre ersten Symptome.
Die Folge der Schmerzen ist eine Schonhaltung. Die Unterbelastung des Gelenks führt zu einer eingeschränkten Beweglichkeit des Gelenks, zu einer verminderten Durchblutung der das Gelenk stützenden Muskeln und damit zu einer Schwächung der Muskeln (Muskelatrophie) und Bänder. Die Funktion des Gelenks wird mehr und mehr beschränkt. Eine völlige Versteifung der Hüfte ist die Folge.

### Schulter-Arm-Syndrom

Wenn Hals, Nacken, Schultergürtel und Oberarm motorisch gestört sind oder übersensibel auf Belastung reagieren, dann ist häufig eine Störung der die Gelenke beeinflussenden Nerven die Ursache. Die Nerven sind entzündlich verändert, in der Folge wird das von ihnen durchzogene Muskel- und Zellgewebe unterernährt, sprich: minderdurchblutet. Der Bewegungsablauf der betroffenen Gelenke wird unsicher und gestört. Ursächlich für das Schulter-Arm-Syndrom kann neben mechanischer Reizung, Fehlbelastung, Feuchtigkeit und Kälte auch eine Erkrankung der Halswirbelsäule sein oder auch eine infolge von Impfungen oder Infektionen auftretende Neuritis (Nervenentzündung).

### Tennisellenbogen

Als Tennisellenbogen bezeichnet der Volksmund die entzündliche Veränderung des Ellenbogengelenks infolge von Überbeanspruchung durch Sport oder Beruf. Durch die hohe Belastung des Ellenbogens kommt es zu Mikrotraumen, zu kleinen, sehr schmerzhaften Einrissen an den Gelenksehnen.

### Mögliche Ursachen

Überlastung, Überanstrengung durch mechanische Reizung, Reizung durch Kälte, Feuchtigkeit, Fehlbelastung oder altersbedingte Abnutzungserscheinungen – insbesondere am Hüftgelenk – lösen die Schmerzen und Entzündungen in den Gelenken aus. Häufig ist ein Mangel an Gelenkflüssigkeit, seltener eine Überproduktion von »Gelenkschmiere« die Ursache der Schmerzen.

Die Ursachen von Gelenkarthrose sind vielfältig: Jeder negative Einfluss auf ein Gelenk kann zur Arthrose führen. Ein durch Gelenkbrüche oder Unfälle geschädigtes Gelenk entwickelt leichter eine Arthrose als ein gesundes Gelenk. Zudem können Gelenkentzündungen, Stoffwechselstörungen des Gelenkknorpels oder arbeitsbedingte Überlastung Auslöser von Arthrose sein.

**Therapieergänzung**

Ziel der Reflexzonentherapie ist es, den Durchblutungsstatus im Gelenkbereich deutlich zu erhöhen. Im Sinn der ganzheitlichen Therapie werden sämtliche großen Gelenke massiert. Zur Durchblutungsförderung von Knochen und Muskeln dienen ebenfalls physiotherapeutische Maßnahmen: Wärmeanwendungen wie heiße Wickel, Sauna, Thermal- und Moorbäder. Eine Gelenkentlastung durch Reduktion eines eventuell vorhandenen Übergewichts ist notwendig. Im Fall des Tennisellenbogens hilft eine Ruhigstellung des Gelenks. Bei Kniearthrose sollten Sie hohe Absätze meiden. Sie sollten beim Wandern und Spazierengehen flaches Gelände bevorzugen, auf- und Abstiege vermeiden, öfter pausieren. Radfahren belastet die Gelenke weniger als Gehen.

**Symptome bei Gelenkarthrose:** zunächst geringe Schmerzen, die sich bei Belastung des Gelenks verstärken, das Gelenk reagiert mit wechselndem Schmerz auf Witterungswechsel, die Schmerzen werden chronisch, die Bewegungsfähigkeit des Gelenks reduziert sich zusehends, es kommt zur totalen Gelenkversteifung

**Symptome bei Kniegelenkserkrankung:** Neben allgemeinen Symptomen der Gelenkarthrose kommt es bei nicht unfallbedingten Kniegelenkserkrankungen häufig zu Schwellungen des Gelenks durch übersteigerte Produktion von Gelenkflüssigkeit; dieser Gelenkerguss geht mit akuten Schmerzen einher.

**Symptome bei Hüftgelenkserkrankung:** siehe Gelenkarthrose

**Symptome des Schulter-Arm-Syndroms**: Schmerzen in den Gelenken, Muskel- und Gewebeschwund, gestörter Bewegungsablauf, Ausfallerscheinungen bis hin zu teilweiser Lähmung

**Symptome bei Tennisellenbogen**: heftiger Druckschmerz in den Sehnenansätzen des Ellenbogens, bei Muskelanspannung ausstrahlender, sich steigernder Schmerz

**Behandlung:** Massieren Sie zunächst am gesunden, dann am kranken Fuß nacheinander die Reflexzonen der Lendenwirbelsäule, der Schädelbasis, des Scheitels, der Epiphyse und der Hypophyse. Danach behandeln Sie die Reflexzonen der Schulter, des Ellenbogens und des ganzen Arms, die Reflexzonen des Kniegelenks, des ganzen Beins und der Hüfte. Beenden Sie die Massage je- weils mit der Behandlung der Reflexzonen des gesunden Gelenks und des erkrankten Gelenks.
**Behandlungsdauer:** im akuten Fall (Tennisellenbogen) 2- bis 3-mal pro Woche, in chronischen Fällen (Hüftgelenksfunktionsstörungen) 2-mal wöchentlich in Langzeittherapie

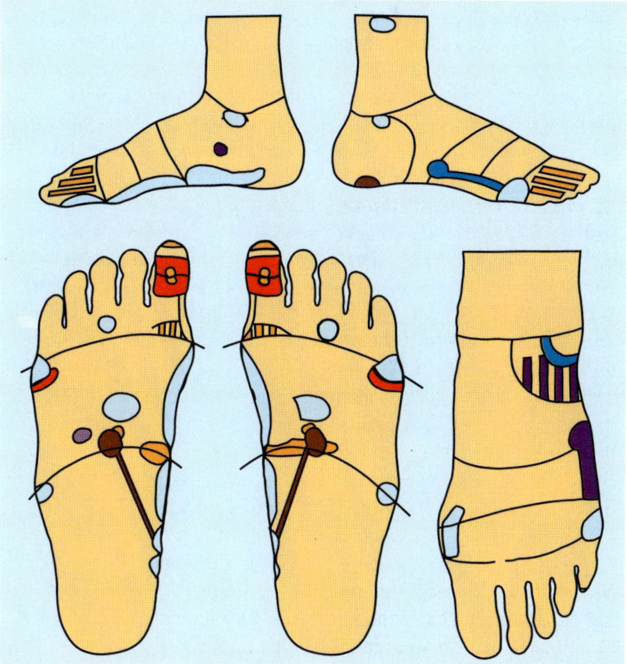

# Hauterkrankungen

Die Haut ist das flächenmäßig größte Organ: Sie ist zwar nur 0,5 bis 2 Millimeter dick, besitzt jedoch eine Oberfläche von 2 bis 2,5 Quadratmeter. Sie ist am meisten den Umweltreizen wie Hitze, Kälte, UV-Licht und Trockenheit ausgesetzt und muss diese Belastungen ausgleichen. Bei richtiger Ernährung und ausreichender Zufuhr von Vitaminen und Mineralstoffen gelingt ihr das im Normalfall auch.

## Mögliche Ursachen

Viele Hauterkrankungen sind jedoch verursacht durch fehlende Entgiftungsmechanismen des Körpers. Sie nehmen ihren Ausgang im Verdauungstrakt oder in den Ausscheidungsorganen, wie Leber, Gallenblase oder Nieren, und zeitigen infektiöse Krankheitsbilder wie Mykosen (Pilzerkrankungen) und Herpes oder allergische Erkrankungen wie Kontaktekzeme und Neurodermitis. Ein weiterer hoher Anteil an Störungen der Haut sind psychosomatisch bedingt: Die Haut spiegelt unser Innenleben und reagiert auf Irritationen wie Stress und Angst mit Minderdurchblutung und Blässe, auf Ärger und Konflikte mit Röte und erhöhter Produktion in den Talgdrüsen. Typisch ist z. B., dass sich die pubertären Spannungen und die ansteigende Hormonproduktion bei Teenagern in Form von Akne zeigen. Ebenso werden an der Beschaffenheit der Haut die Spuren von Nikotin und Alkohol, von einseitiger Ernährung und ungenügend Schlaf sichtbar. Die Massage der Reflexzonen allein bringt nur über langen Zeitraum eine deutliche Besserung des Hautbildes. Hautprobleme sollten Sie ganzheitlich angehen.

## Therapieergänzung

Reduzieren Sie Ihren Fleischkonsum. Führen Sie Ihrem Organismus ausreichend Vitamin C (Holunderbeeren, Zitronen, Kiwis), ausreichend Vitamin A (Karotten, Spinat, Kürbis, Aprikosen, Tomaten), viel Vitamin E (Pflanzenöle, Vollkornprodukte, Avocados) und viel Zink (Austern, Leber, Meeresfrüchte) zu. Setzen Sie Ihre Haut so oft wie möglich der frischen Luft aus, vermeiden Sie jedoch direkte Sonne, insbesondere die hohen Strahlendosen zwischen 11 und 15 Uhr.

Achtung: Bei Hautpilz oder Hauterkrankungen an den Füßen ist die Fußreflexzonentherapie nicht angezeigt, da durch die Massage die Infektion auf gesundes Gewebe übertragen werden kann.

**Symptome:** Hautrötung gefolgt von Brennen und Juckreiz; Veränderung des Hautbildes durch Austrocknung, in der Folge Schuppen, Flechten und Knötchen; Veränderung des Hautbildes durch Überfettung, in der Folge Eiterbläschen, Mitesser und Pickel
**Behandlung:** Massieren Sie zunächst die Reflexzonen der gesamten Wirbelsäule, dann die Zonen der Epiphyse und der Hypophyse, danach die Reflexzonen der Bauchspeicheldrüse, des Magens, des Dick- und Dünndarms, der Leber und der Gallenblase. Beenden Sie die Massage mit den Zonen des lymphatischen Systems und des Solarplexus.
**Behandlungsdauer:** 2- bis 3-mal pro Woche in Langzeittherapie

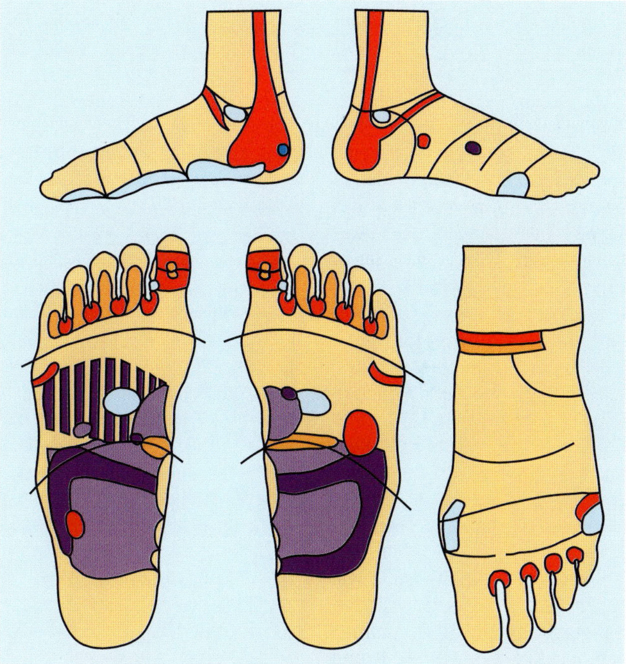

# Husten

Husten ist ein natürlicher Reflex, der erfolgt, wenn die Luftröhre oder die Bronchien durch Fremdkörper verengt und verstopft werden. Durch ein kräftiges Ausstoßen von Luft aus der Lunge versucht der Körper, die Fremdkörper aus den Atemwegen zu befördern.

## Mögliche Ursachen

Husten kann in verschiedenen Formen auftreten: Der Reizhusten ist ein flaches Ausstoßen von Luft aus dem Kehlkopfbereich. Er geht einher mit Empfindlichkeit gegen kalte Luft und mit einem rauen Hals. Meistens kündigt er eine Erkältung an. Ein tief sitzender Husten kommt aus dem Brustbereich und ist Anzeichen einer Bronchitis (siehe Seite 42f.), insbesondere wenn er mit Schleimauswurf einhergeht. Hustenkrämpfe sind Hinweis auf Keuchhusten oder eine asthmatische Erkrankung (siehe Seite 31ff.). Sie sind meist allergisch bedingt und sollten unbedingt durch einen Arzt behandelt werden, da sie lebensgefährlichen Sauerstoffmangel zur Folge haben können. Immer häufiger tritt Husten in Form von Hüsteln und Räuspern auf. Scheinbare Ursache ist ein lästiges Kratzen im Hals, das durch nichts zu beseitigen ist. Dieser Husten ist psychosomatisch bedingt und tritt auf in Situationen von hoher Anspannung, von Überlastung und Unsicherheit oder Hemmung.

## Therapieergänzung

Mit der zunehmenden Belastung der Atemluft durch Auto- und Industrieabgase geht ein deutlicher Anstieg an chronischen Atemwegserkrankungen einher. Sie bekämpfen sie am besten mit einer Klimaveränderung: Ein längerer Aufenthalt an der See oder im Gebirge lindert oder beendet die Hustenanfälle.

Achten Sie auf Ihre Raumluft: Oft wird Reizhusten durch ein zu trockenes Klima verursacht. Stellen Sie einen Luftbefeuchter auf, oder bringen Sie Verdunstungskörper an Ihren Heizkörpern an. Hören Sie auf zu rauchen, und erklären Sie Ihren Arbeitsplatz und Ihre Wohnung zur rauchfreien Zone.

Achtung: Husten kann auch das Symptom einer schwer wiegenden Erkrankung wie Tuberkulose oder Lungenkrebs sein. Hält der Hustenreiz länger als zwei Wochen an, ist er von kontinuierlichen Schmerzen im Brustbereich begleitet oder von blutigem Auswurf, dann sollten Sie sofort einen Arzt aufsuchen.

**Symptome:** Kribbeln und Kratzen im Hals und im Rachenraum, Schmerzen hinter dem Brustbein, Trockenheit in der Mundhöhle und im Rachen
**Behandlung:** Massieren Sie die Reflexzonen der Halswirbelsäule, der Schädelbasis und der Stirnhöhle. Behandeln Sie dann die Zonen des gesamten lymphatischen Systems: Mandeln, Bronchien, Thymus, Milz, Leiste und Achsel. Danach massieren Sie die Zonen von Nieren und Nebennieren und Solarplexus und zuletzt die von Lunge, Bronchien, Kehlkopf und Nasen-Rachen-Raum.
**Behandlungsdauer:** 2- bis 3-mal pro Woche, insgesamt bis zu 15 Behandlungen, über das Abklingen der Beschwerden hinaus

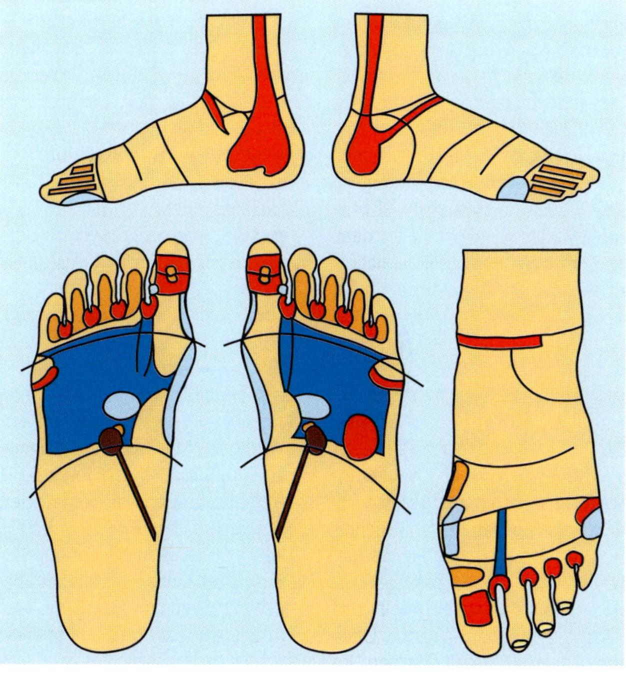

# Konzentrationsschwäche

Vergesslichkeit und Fahrigkeit können einem das Leben sehr erschweren: Gespräche verstummen, wichtige Erledigungen bleiben liegen, Freunde werden versetzt und Geburtstage vergessen. Oft werden solche Aussetzer mit einem Achselzucken oder dem Hinweis auf einen Wetterumschwung abgetan. Ertappen Sie sich jedoch häufiger bei geistiger Abwesenheit, sprunghaften Gedankengängen und Zerstreutheit, sollten Sie sich folgende Fragen stellen: Überfordern Sie sich? Haben Sie existenzielle Sorgen? Gibt es Anforderungen und Konflikte, die Sie nicht wahr haben wollen? Ist dies der Fall, so sorgt eine Lösung des Konflikts oder eine Reduktion der Aufgaben für die zur Konzentration notwendige Entspannung.

Engagieren Sie sich in letzter Zeit extrem für ein Thema? Sind Sie verliebt, oder müssen Sie sich gerade von jemandem trennen?

Wenn ja, dann ist Ihre Aufmerksamkeit derartig intensiv auf ein Objekt, ein Ziel, ein Trauma gerichtet, dass das Gehirn andere Reize abschottet. Sie befinden sich in einem so genannten Wahrnehmungstunnel und sind unempfänglich für anderes.

### Mögliche Ursachen

Mangelnde Konzentrationsfähigkeit kann auch körperliche Ursache haben: Das Gehirn wird ungenügend mit Sauerstoff versorgt, es arbeitet ungenügend. Oder wichtige Biostoffe fehlen, was zu Störungen im Übertragungsprozess der Nervenenden führt. Zu wenig Schlaf, falsche Ernährung und unerkannte Krankheiten können die Auslöser dafür sein.

Alkohol- und Drogenmissbrauch, insbesondere auch Zigaretten, erhöhen die Ausschüttung von Stresshormonen, die Muskeln verspannen sich, die Durchblutung wird verringert: An Konzentration ist dann nicht zu denken. Auch haben die meisten Schlaf- und Beruhigungsmittel, Psychopharmaka und Neuroleptika eine Abnahme des Reaktionsvermögens sowie Konzentrationseinbrüche zur Folge.

### Therapieergänzung

Erlernen Sie eine Entspannungstechnik. Das ist wirksamer als der Griff zum Medikament. Ändern Sie Ihren Arbeitsstil: Versuchen Sie, immer nur eine Sache ganz zu machen. Vermeiden Sie Ablenkungen. Bündeln Sie Ihre Aufmerksamkeit. Achten Sie auf regelmäßige Erholungspausen, und belohnen Sie sich selbst. Hilfreich ist eine Teekur mit Johanniskraut.

**Symptome:** innere Unruhe, Gereiztheit, Kopfschmerzen, Verspannungen in Schultern und Nacken, oft auch Ess- und Verdauungsstörungen, Kreislaufschwäche, Menstruationsbeschwerden
**Behandlung:** Massieren Sie die Zonen von Wirbelsäule, Nacken, Epiphyse, Hypophyse, Herz, Leber, Magen, Dünn- und Dickdarm, Schilddrüse, Becken, Nebennieren und Solarplexus.
**Behandlungsdauer:** 1- bis 2-mal pro Woche in Langzeittherapie
**Achtung:** Gehen Vergesslichkeit und Konzentrationsstörungen mit Erinnerungslücken, Verwirrung und Sprachstörungen einher, dann ist die Durchblutung des Gehirns massiv gestört, und ein Arzt muss konsultiert werden.

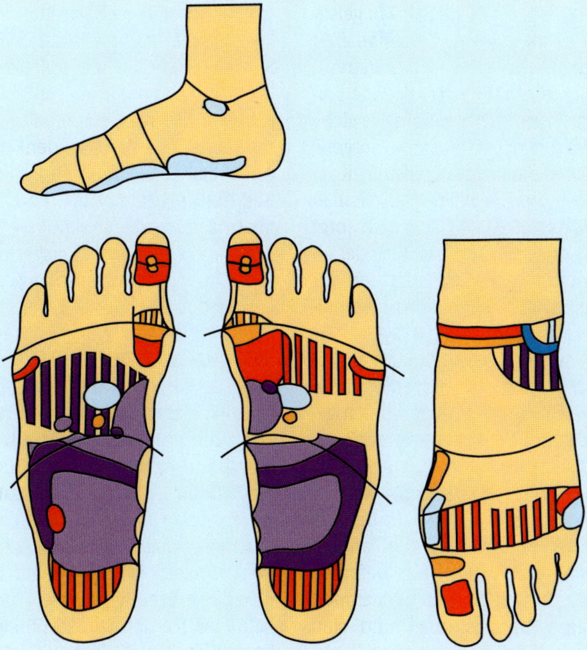

# Kopfschmerzen

Kopfschmerzen haben eben so viele Erscheinungsformen wie Ursachen: Sie treten anfallartig auf oder schleichend, sie sind begleitet von Depression oder Versagensängsten. Sie ziehen, bohren, drücken oder setzen den Hinterkopf unter Spannung – und dennoch haben sie alle eines gemeinsam: Sie sind keine Krankheit, sondern das Symptom einer Krankheit. Der Schmerz rührt nicht aus dem Gehirn, sondern aus der Hirnhaut, der Kopfhaut und den Blutgefäßen.

### Mögliche Ursachen

Häufige Auslöser für Kopfschmerzen sind Verspannungen der Muskeln im Kopfbereich, im Nacken oder im Gesicht. In diesem Fall hilft neben der Fußreflexzonenmassage eine Massage der Gesichtsmuskulatur, insbesondere der Nasenwurzel.
Verspannungen der Brust- und Wirbelsäulenmuskulatur durch falsche Arbeitshaltung an Schreibtisch oder Werkbank sind ebenfalls mögliche Verursacher.

### Versteckte Erkrankungen

Nicht diagnostizierte Erkrankungen wie Arteriosklerose der versorgenden Blutgefäße des Gehirns, Augen- und Ohrenerkrankungen, Gehirnabszesse oder Gehirntumore können episodische wie chronische Kopfschmerzen zur Folge haben.
Daneben finden sich eine Menge möglicher Auslöser, wie unerkannte Leber- oder Gallenblasenerkrankungen und Erkrankungen des Magen-Darm-Trakts. Kopfschmerzen sind zudem häufig Begleiterscheinungen einer Infektion oder Anzeiger von Veränderungen im Hormonhaushalt: Bei Frauen kommt es während der Menstruation daher oft zu Kopfschmerzattacken.

### Die Psyche

Häufig steckt eine unausgeglichene Psyche hinter chronischen Kopfschmerzen. Ungelöste Konflikte, uneingestandene Bedürfnisse, unterdrückte oder widerstreitende Gefühle können im wahrsten Sinn des Wortes »Kopfzerbrechen« bereiten. Wenn Sie häufig unter Kopfschmerzen leiden, sollten Sie eine Phase der Selbstbeobachtung einlegen: Welche Konflikte lösen Sie auf immer dieselbe unbefriedigende Art, in welchen Bereichen gehen Sie zu große Kompromisse ein, wo fehlt es Ihnen an Lob und Bestätigung, wo wären Sie gerne mehr gefordert? Oft hilft diese Selbstbefragung, die auslösenden Konflikte progressiver anzugehen.

**Mangelerscheinungen**

Neben Verspannungen und psychischen Belastungen können auch Fehlfunktionen des Stoffwechsels Kopfschmerzen auslösen. Ihre Ursache sind häufig Mangelerkrankungen wie Eisenmangel, Mangel an Vitaminen der B-Gruppe, Zink- oder Chrommangel. Auch auf eine Abmagerungskur kann der Körper mit Kopfschmerzen reagieren.

**Ursache Umwelt**

In den Bereich der Zivilisationskrankheiten fallen Kopfschmerzen dann, wenn sie bedingt sind durch Schadstoff- und Lärmbelastung, durch Schlafmangel, Stress und allgemeine Erschöpfung sowie durch Genuss- oder Schmerzmittelmissbrauch.

Sie lassen sich durch eine Verbesserung der Wohnverhältnisse, durch Reduzierung der Arbeitsbelastung und manchmal durch eine angebrachte Pause beseitigen. Gehen Sie wandern, oder entspannen Sie ein Wochenende.

**Migräne**

Veränderte Durchblutungsverhältnisse im Gehirn sorgen für den Migränekopfschmerz: Im Vorstadium verengen sich die Blutgefäße im Gehirn, es kommt zu Sauerstoffmangel, der sich durch Schmerzen bemerkbar macht. In der folgenden Kopfschmerzphase dehnen sich die Gefäße, speziell im Bereich der Großhirnrinde, wieder aus. Dadurch kommt es zur Durchlässigkeit von Gefäßwänden und zu Flüssigkeitsaustritt in angrenzendes Hirngewebe und dadurch zu erneutem Schmerz. Zudem kommt es zu starken Histaminausschüttungen aus den Mastzellen der Gefäßwände und damit zu schmerzhaften Entzündungen. Leiden Sie wiederholt unter Migräneanfällen, versuchen Sie, dem Auslöser auf die Spur zu kommen, indem Sie genau Buch führen über Ess-, Arbeits- und Schlafgewohnheiten und das Auftreten der Schmerzen bzw. ihrer Vorboten. Beobachten Sie, ob es sich um eine Entspannungsmigräne handelt: Im Stress, insbesondere im Dauerstress, spannen sich unsere Gefäße an. Nimmt die Anspannung ab, weil der Stress nachlässt, treten die Schmerzen auf. Durch Ihr »Migränetagebuch« finden Sie auch heraus, ob bestimmte Nahrungsmittel den Kopfschmerz auslösen. Infrage kommen dabei insbesondere Milchzucker, Kakao, Konservierungsstoffe, Farbstoffe und Zucker. Migräneschmerzen werden ausgelöst durch so genannte Schmerzmediatoren wie Prostaglandine und Leukotriene. Diese

Schmerzmediatoren bilden sich auf der Basis von Arachidonsäure, einer in tierischen Lebensmitteln vorkommenden Fettsäure. Meiden Sie arachidonsäurehaltige Lebensmittel wie Eier, Schweineschmalz, Fleisch, Leber, Wurstwaren, Aal und Thunfisch.

### Therapieergänzung

Entspannung ist das A und O bei Kopfschmerz: Oft hilft bereits ein ausgedehnter Spaziergang an frischer Luft, ein warmes Bad, eine Stunde absolute Bettruhe. Entspannungs-, Yoga- und Atemübungen beruhigen. Lindernd wirken kalte und heiße Kompressen auf Stirn und Nacken, kalte Arm- und Fußbäder sowie Massagen. Migräneforscher haben herausgefunden, dass Essen entspannend wirkt, weil es die Sinne vom Problem »Kopfschmerz« ablenkt und auf Mahlzeit und Verdauung fokussiert. Versuchen Sie folglich, während des Anfalls ein Stück trockenes Brot oder Zwieback zu essen, und achten Sie auf ruhige, entspannte und natürlich genussreiche Mahlzeiten.
Durch Mangelerscheinungen bedingte Schmerzen verflüchtigen sich, wenn Sie chromhaltige (Kartoffeln, Datteln, Nüsse), eisenhaltige (Leber, Sprossen, Muscheln, Vollkornprodukte) und vitaminreiche Kost zu sich nehmen.
Achtung: Greifen Sie nicht sofort und vor allen Dingen nicht beständig zur Schmerztablette. Kopfschmerz ist ein Warnsignal, dessen Ursache eine ernsthafte Erkrankung, beispielsweise ein Tumor, sein kann.
Zudem birgt die häufige Einnahme von Schmerzmitteln das Risiko von Nieren- und Leberschädigung sowie von Medikamentenabhängigkeit.

**Symptome bei Migräne:** Halbseitiger, anfallartig auftretender Kopfschmerz, der auch auf die andere Kopfhälfte wechseln kann, Schwindelanfälle, Erbrechen, Schweißausbrüche; Vorboten eines Migräneanfalls: Lichtempfindlichkeit, Sehstörungen, häufig auch Fremdgeräusche in den Ohren
**Symptome bei Kopfschmerz:** nicht eingrenzbarer Schmerz, der anfallartig oder chronisch und ohne Begleiterscheinungen auftritt
**Symptome bei Spannungskopfschmerz:** Drückender, dumpfer Kopfschmerz, der vom Hinterkopf aus in beide Kopfhälften und in die Stirn ausstrahlt, vermehrte Anspannung der Kopf- wie der Nackenmuskulatur

**Behandlung:** Massieren Sie zunächst die Reflexzonen von Kopf, Nacken und Halswirbelsäule, danach die Reflexzonen des Schultergürtels, der Brustwirbelsäule, der Lymphbahnen und der Geschlechtsorgane als mögliche Verursacherzonen (Kausalzonen), und zuletzt behandeln Sie die Reflexzonen der Verdauungsorgane, der Harnorgane, der Nebenhöhlen und der Zähne. Beenden Sie die Massage mit der Reflexzone des Solarplexus.
**Behandlungsdauer:** Bei akutem Schmerz wenden Sie den Sedierungsgriff (siehe Seite 20) an der betroffenen Zone an, bei chronischem und sich wiederholendem Kopfschmerz hilft eine Langzeittherapie mit 2 Sitzungen in der Woche.

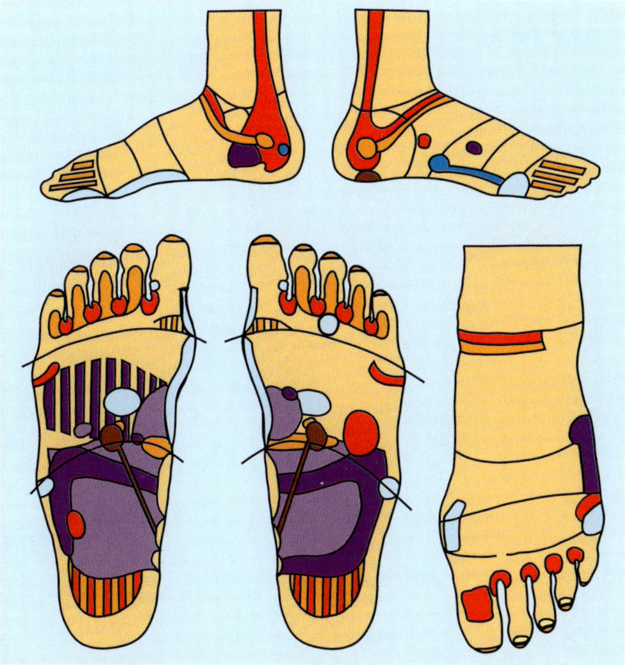

# Krampfadern

Wenn sich unter der Haut der Unterschenkel, Kniekehlen und Oberschenkel blaue, schlangenförmige Blutgefäße abzeichnen, spricht man von Krampfadern oder Varizen. Varizen entstehen, wenn das sauerstoffarme Blut aus den peripheren Gefäßen nicht oder nur schwer Richtung Herz zurückläuft.
Die Beinvenen sind im Gefäßinneren mit ventilartigen Klappen versehen. Diese Venenklappen regeln den Rücklauf des sauerstoffarmen Blutes. Sind diese Venenklappen undicht oder funktionsunfähig (Venenklappeninsuffizienz), sackt das Blut ab, und der venöse Blutdruck erhöht sich: Flüssigkeit wird durch die Venenwände in das umliegende Gewebe gedrückt, die Beine schwellen an, die Venen treten unter der Hautoberfläche hervor.

### Mögliche Ursachen

Neben der Venenklappeninsuffizienz kann eine angeborene oder erworbene Venenwandschwäche die Ursache der Bildung von Krampfadern sein. Sie führt dazu, dass die Gefäßwände der Venen deutlich dünner ausgebildet sind als die der Arterien. Das sie durchströmende Blut fließt langsamer. Die Gefäßwände erweitern sich, und die Venenklappen schließen nicht mehr dicht. Folglich staut sich das verbrauchte Blut in den Beinen, es kommt zum Austritt von Flüssigkeit in das die Venen umgebende Bindegewebe, und es bilden sich Verdickungen und Knoten.

### Therapieergänzung

Langfristig hilft eine gezielte, das Bindegewebe stärkende Ernährung, die Bildung von Krampfadern zu vermeiden. Die Venenwände sind aus Bindegewebe gebildet. Für dessen Festigkeit und Geschmeidigkeit sind Vitamin B2, Vitamin B6 und Vitamin C verantwortlich, außerdem die Spurenelemente Kupfer (in Leber, Kakao, Muscheln, Nüssen) und Zink (in Hülsenfrüchten, Kohl und Knollengemüse) sowie die Aminosäuren Prolin und Glyzin (in Fisch, Sojabohnen und Erbsen). Hilfreich zur Stärkung des Bindegewebes sind die Muskeln. Die Beinvenen sind größtenteils von Skelettmuskulatur umgeben. Gut durchtrainierte Muskeln stützen daher die Venen. Beugen Sie folglich Krampfadern vor, indem Sie Treppen steigen, Rad fahren, auf Auto, Rolltreppe und Aufzug so oft wie nur möglich verzichten. Regelmäßiges Schwimmen entlastet und stärkt die Gefäße.

**Symptome:** Schlangenförmige oder wurmartige Venen an den Rückseiten und Innenseiten der Unter- und Oberschenkel, Schmerzen in den Beinen bei längerem Stehen
**Behandlung:** Eine Entstauung im venösen System erreichen Sie, wenn Sie nacheinander folgende Reflexzonen massieren: Die Zonen von Lendenwirbelsäule, Epiphyse, Hypophyse und Herz. Dann die Zonen des kleinen Beckens außen, des kleinen Beckens innen, von Leber, Gallenblase und Solarplexus. Zuletzt die Zonen des ganzen Bauchraums und des ganzen Beins.
**Behandlungsdauer:** 15 bis 20 Behandlungen über 3 Monate, Fortsetzung der Massagen nur bei Besserung der Beschwerden

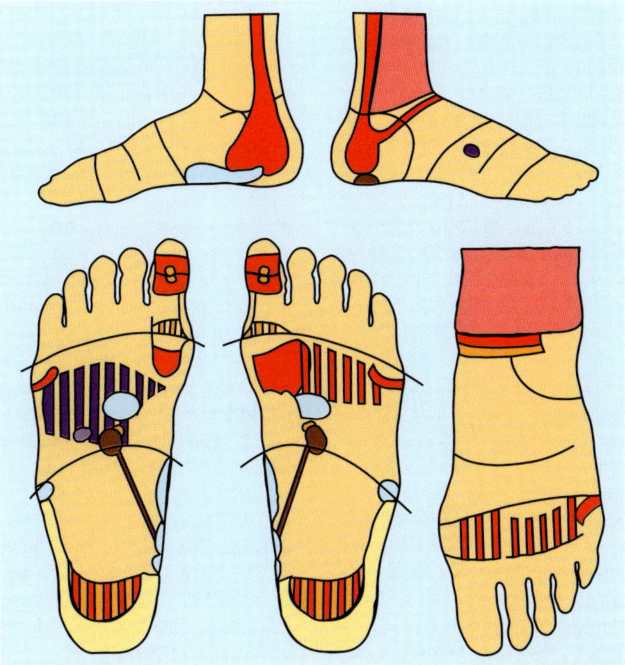

# Lebererkrankungen

Die Leber ist mit ca. 1,5 Kilogramm Gewicht die größte Drüse des menschlichen Organismus. Sie besteht aus zwei Teilen, den Leberlappen, die wiederum aus jeweils zwei Lebersegmenten bestehen. Der linke Leberlappen liegt teilweise etwas vor dem Magen. An ihrer nach außen gewölbten Oberseite ist die Leber teilweise mit dem Zwerchfell verwachsen. Mit der Unterseite liegt sie auf den Baucheingeweiden.

Die Leber bewältigt verschiedene, für den Organismus lebenswichtige Aufgaben: Zum ersten bilden ihre Zellen die Gallenflüssigkeit, die in der Gallenblase gesammelt und von dort über den Gallengang in den Zwölffingerdarm geleitet wird. In der Leber laufen zum zweiten wesentliche Stoffwechselvorgänge ab: Sie bewerkstelligt die Entgiftung und Ausscheidung toxischer Stoffwechselprodukte aus dem Blut. Sie filtert die verdaulichen Stoffe, wie z.B. Nahrungseiweiße, aus und baut sie in körpereigene Eiweiße um. Das Abfallprodukt dieses Eiweißstoffwechsels, den Harnstoff, leitet die Leber weiter zu den Nieren, die ihn mit dem Harn ausscheiden. Die Leber ist aktiv im Fettsäurenabbau sowie in der Synthese und Verwertung von Cholesterin. Zudem wird in der Leber aus Nicht-Kohlenhydratvorstufen Glukose hergestellt (Glukoneogenese). Die Leber ist zudem ein Speicher für Glykogen, Eiweiß und Vitamine (Vitamin B12 und Vitamin A).

Zum dritten bildet die Leber den Blutgerinnungsstoff Fibrinogen sowie verschiedene weitere Gerinnungsfaktoren und Blutplasmaproteine. Sie baut alte Blutkörperchen ab und speichert Eisen. Vorgeburtlich werden in der Leber die roten und weißen Blutkörperchen gebildet.

Viertens arbeitet die Leber dem Hormonhaushalt zu, da sie die Ausgangsstoffe für die Sexualhormone herstellt.

Die Leber ist ein Organ, ohne das kein Mensch länger als einige Stunden überleben kann. Darum hat die Leber eine hohe Regenerationsfähigkeit: Selbst wenn zwei Drittel der Leber zerstört sind, kann das gesunde letzte Drittel die Aufgaben des Organs noch erfüllen. Einmal zerstörte Leberzellen bleiben jedoch für immer funktionsunfähig.

### Gelbsucht (Ikterus)

Gelbsucht ist keine Krankheit, sondern das Symptom einer Leber- oder Gallenblasenerkrankung. Ist die Haut eher orangegelb gefärbt, besteht der Verdacht auf einen Leberschaden. Ist sie grünlich oder weißlich gelb, liegt die Störung eher in der Gallenblase oder im Gallenwegssystem (siehe Seite 50f.).

### Hepatitis (Leberentzündung)

Im Wesentlichen unterscheidet die Medizin zwischen zwei Arten von Hepatitis: Hepatitis vom Typ A (auch Reisehepatitis oder HAV-Hepatitis genannt) wird über die Mundschleimhäute übertragen durch Nahrungsmittel, Getränke oder Wasser, die mit infiziertem Kot oder Urin Kontakt hatten. Auch Fliegen können die Kranheitserreger übertragen.

Hepatitis vom Typ B (auch HBV-Hepatitis, Serumhepatitis oder Transfusionshepatitis genannt) und Hepatitis C übertragen sich über die Blutbahn. Kleine Hautverletzungen, in die infizierter Speichel, Urin, Sperma, Stuhl oder Blut gerät, sind die Überträgerstellen. Daher ist die Infektionsgefahr mit HBV beim Geschlechtsverkehr, beim Tätowieren oder Piercing mit nicht desinfizierten Geräten, aber auch bei unsauberen zahnärztlichen Behandlungen und bei Versorgung mit Blutkonserven hoch.

Die Ansteckungsgefahr mit Hepatitis ist vor Beginn der Gelbfärbung der Haut am größten.

### Chronische Hepatitis

Geht eine akute Hepatitiserkrankung nicht innerhalb von vier bis sechs Wochen zurück und normalisieren sich die Blutwerte nicht innerhalb von vier Monaten, kann eine Hepatitis chronisch werden. Ältere Menschen und Rekonvaleszenten sind häufiger davon betroffen. Die chronische Hepatitis verläuft ohne Anzeichen von Gelbsucht und bleibt daher oft jahrelang unerkannt. Sie kann auch von Medikamenten verursacht sein und klingt ab, wenn Medikamente abgesetzt werden. Defekte im körpereigenen Abwehrsystem können dafür sorgen, dass immer wieder Hepatitis ausbricht, deren Heilung mit der Zeit langwieriger wird. Dann besteht die Gefahr eines Leberversagens.

### Leberzirrhose

Leberzirrhose oder Leberschrumpfung ist eine chronische Entzündung der Leber, bei der das entzündete Lebergewebe faserartig umgebaut wird, anschwillt und das gesunde Lebergewebe verdrängt, schließlich Narben bildet und sich zusammenzieht. Diese Schrumpfung ist ein irreversibler Prozess, dessen Fortschreiten nur durch ständige ärztliche Betreuung verhindert werden kann.

### Fettleber

Ist die Leber aufgrund von Fetteinlagerungen vergrößert, spricht man von Fettleber. Sie macht kaum Beschwerden, wenn ihre Verursacher abgestellt werden.

Bei Alkoholentzug und Gewichtsreduktion kann sich die Fettleber völlig zurückbilden. Ist sie verursacht durch Chemikalien oder Arzneimittel, gilt es, diese Mittel zu meiden. Liegt ihr eine einseitige kohlenhydratreiche Ernährung zugrunde, muss Diät gehalten werden.

### Mögliche Ursachen

Einer Leberzirrhose liegt fast immer ein Missbrauch von Alkohol zugrunde. Zweitwichtigster Auslöser von Leberzirrhose sind Medikamente: Schmerzmittel, Antidepressiva, Rheumamittel und Mittel gegen Psychosen, die über lange Zeit in hohen Dosen eingenommen werden. Diese Leberschäden können ausheilen, wenn abstinent gelebt wird oder die Medikamente abgesetzt werden. Chronische Hepatitis wird meist durch Medikamentenmissbrauch oder durch eine unerkannte akute Hepatitis ausgelöst.

### Therapieergänzung

Jeder dritte Mann, der am Tag etwa 60 bis 100 Gramm Alkohol trinkt, kann mit einer Leberzirrhose rechnen. Bei Frauen reichen bereits 40 Gramm Alkohol. Erste Maßnahme bei Lebererkrankungen ist Alkoholverbot. Eine fettarme, vitamin- und nährstoffreiche Diät – achten Sie auf die Eisen- und Kupferzufuhr – hilft, die Leber zu entgiften.

**Symptome bei Gelbsucht:** Haut, Schleimhäute und Augäpfel sind gelblich verfärbt, Juckreiz und Ausschlag, eventuell Fieber
**Symptome bei Hepatitis:** Schmerzen unter dem rechten Rippenbogen, Müdigkeit, Kopfschmerzen, Übelkeit, Verstopfung, Durchfall, Blähungen, Gelbsucht, Braunfärbung des Harns, Aufhellung der Stuhlfärbung, Anschwellen von Leber, Milz und Lymphknoten
**Symptome bei chronischer Hepatitis:** Müdigkeit, Kopfschmerzen und konstante Verdauungsprobleme weisen auf sie hin.
**Symptome bei Leberzirrhose:** Schlechtes Allgemeinbefinden, Blässe, Appetit- und Gewichtsverlust, Haarausfall, Kribbeln oder Taubheit in Füßen und Fingern; sternförmige Blutgefäßzeichnungen auf der Haut; bei Männern Hodenschrumpfung, Abnahme der Potenz
**Symptome bei Fettleber:** Völlegefühl, leichte Übelkeit

**Behandlung**: Massieren Sie zunächst die Zonen der Brustwirbelsäule, der Epiphyse, der Hypophyse und des Solarplexus. Motivieren Sie die Körperabwehr, indem Sie die Zonen des gesamten lymphatischen Systems behandeln. Fahren Sie in der Massage mit den Zonen des Verdauungssystems fort: Bauchspeicheldrüse, Magen, Dünndarm und Dickdarm. Um die ausscheidenden Organe zu stimulieren, massieren Sie dann die Reflexzonen der Nieren und Nebennieren. Beenden Sie die Behandlung mit der Massage der Zonen von Herz, Herzbezugszone, Leber und Gallenblase.
**Behandlungsdauer**: Langzeittherapie mit 1 bis 2 Sitzungen in der Woche

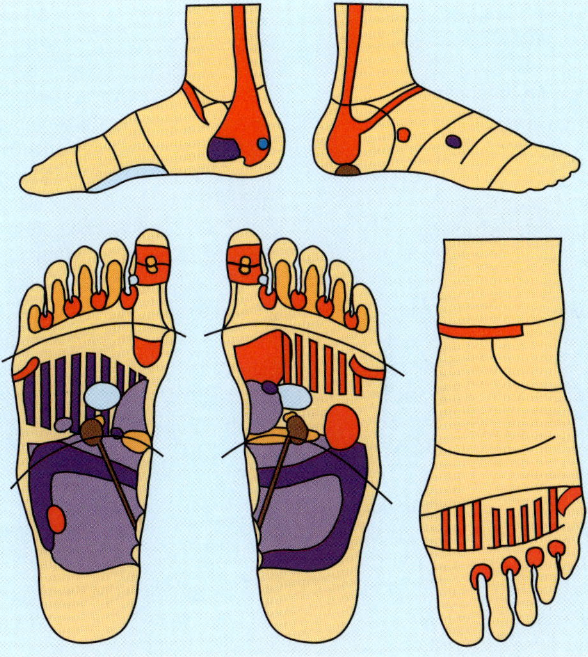

# Magenbeschwerden, akute

Der Magen ist ein sackartiges, mit Schleimhaut ausgekleidetes Organ von etwa eineinhalb Liter Fassungsvermögen, in dem Speisen und Getränke gesammelt und für die weitere Verdauung vorbereitet werden. Ein verdorbener Magen kann das Allgemeinbefinden stark beeinflussen. Wird der Magen überbeansprucht, reagiert die Magenschleimhaut mit einer Entzündung. Die Schleimhautfalten quellen auf und bilden vermehrt Magensaft, damit eine weitere Berührung mit dem unverträglichen Mageninhalt vermieden wird.

### Mögliche Ursachen

Neben der Überlastung des Magens durch allzu üppiges Essen oder durch hohen Alkohol- und Nikotinkonsum kann auch die Psyche Magenbeschwerden verursachen: Überforderung, unterdrückte Aggression, fehlende Entspannung und Überarbeitung können einem wortwörtlich »auf den Magen schlagen«. (Siehe auch »Gastritis«, Seite 52f.)

### Therapieergänzung

Zunächst helfen Fasten, Kräutertee, eine Wärmflasche oder warmfeuchte Wickel. Nach einem Tag mit leichter Kost ist der Magen meist wieder »eingerenkt«. Längerfristig muss ein Magen, damit er zuverlässig arbeitet, auch sorgfältig behandelt werden. Magenverstimmungen vermeiden Sie, wenn Sie einen normalen Lebensrhythmus und regelmäßige Essenszeiten einhalten, wenn Sie auf übermäßiges Essen und nächtliche Schlemmereien verzichten. Ebenso kann eine veränderte Essweise Magenverstimmungen vermeiden helfen: Nehmen Sie sich zum Essen Zeit, kauen Sie gründlich und ausdauernd. Essen Sie nicht im Stehen oder Gehen. Achten Sie auf eine angemessene Speisenfolge, auf eine gesunde Zusammensetzung aus Fetten, Eiweißen, Kohlenhydraten und Biostoffen und auf die richtige Temperatur der Speisen. Lassen Sie sich keinesfalls durch Fernseher, Computerspiele oder halb gelesene Romane vom Essen ablenken.

Achtung: Wenn Sie unter häufigen Magenverstimmungen leiden, kann eine Störung der Leber und der Gallenblase oder eine Disfunktion der Bauchspeicheldrüse vorliegen. Auch eine Infektion oder eine Antibiotikabehandlung können den Magen gereizt haben. Diese Magenbeschwerden sollten unbedingt ärztlich behandelt werden.

**Symptome:** Völlegefühl und Druckgefühl im Magen, Übelkeit, Erbrechen, Appetitlosigkeit, belegte Zunge, Durchfallneigung
**Behandlung**: Massieren Sie zunächst die Reflexzonen der Brust- und Lendenwirbelsäule, dananch die Zonen der Epiphyse, der Hypophyse, der Leber und der Gallenblase. Fahren Sie in der Therapie fort mit der Behandlung der Reflexzonen der Bauchspeicheldrüse, des Magens, der Nieren und des ganzen Bauchraums. Behandeln Sie schließlich die Zonen des Solarplexus, des Dünndarms und des Dickdarms.
**Behandlungsdauer**: Nach spätestens 5 bis 10 Behandlungen sollte sich eine deutliche Besserung der Beschwerden einstellen.

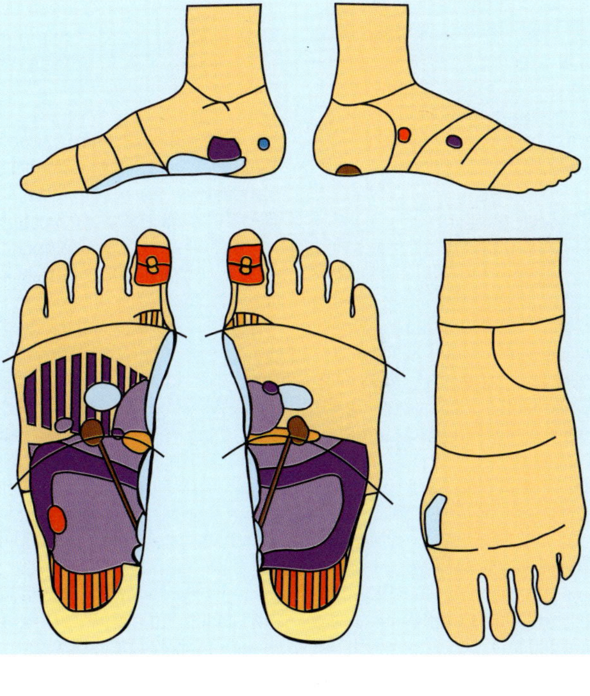

# Mandelentzündung

An der Hinterwand des Rachens liegen beidseitig die Gaumenmandeln oder Tonsillen. Bei weit geöffnetem Mund sind sie als rundliche, rosige, mandelkerngroße Erhebungen sichtbar. Sie gehören zum Abwehrsystem des menschlichen Organismus. Ebenso wie die Lymphknoten schwellen sie an, wenn sich im Körper eine Infektion ausbreitet.
Eine Mandelentzündung, auch Angina oder Tonsillitis genannt, folgt, wenn Bakterien die Mandeln selbst infiziert haben.

## Mögliche Ursachen

Meist entsteht eine Mandelentzündung durch so genannte Tröpfcheninfektion: Bakterien (Streptokokken) werden mit den feinen Speicheltropfen der Atemluft abgesondert und vom Gegenüber des Kranken eingeatmet. Auch eine durch Viren ausgelöste Rachenentzündung (Pharyngitis) kann auf die Mandeln übergreifen und zu deren Rötung und Anschwellen führen.
Wird eine akute Mandelentzündung nicht angemessen behandelt, stellt sich das Krankheitsbild einer eitrigen Mandelentzündung ein: Die Mandeln sind grau bis gelblich belegt, die Schluck- und Sprechbeschwerden des Patienten steigern sich. Eine eitrige Mandelentzündung muss ärztlich behandelt werden, damit sie sich nicht zu einem gefährlichen Mandelabszess weiterentwickeln kann.

## Therapieergänzung

Bei einer Mandelentzündung empfiehlt es sich, das Bett zu hüten, viel Flüssigkeit zu sich zu nehmen, ansteigende Fußbäder, Schwitzpackungen und kalte Halswickel vorzunehmen sowie mit lauwarmem Salbeitee oder Kamillentee zu gurgeln.
Eine Angina ist häufig Begleiterscheinung oder Folge eines Virusinfekts der oberen Atemwege. Vorsorgend sollten Sie Ihr Immunsystem unterstützen, damit es gar nicht erst zu Bakterien- oder Virenbefall kommt: Nehmen Sie viel Vitamin A (in dunkelgrünem, gelbem und rotem Gemüse), Vitamin B6 (in Leber, Sojabohnen, Nüssen und Sprossen) und Vitamin C (in allen Südfrüchten, in Kiwis, Himbeeren und Holunderbeeren) zu sich.
Achtung: Eitrige Mandelentzündungen können Folgeerkrankungen wie Herzleiden, Nierenentzündungen und rheumatisches Fieber nach sich ziehen. Sie dürfen daher nicht auf die leichte Schulter genommen werden.

**Symptome:** Stechen im Hals, Schluckbeschwerden, verschlechtertes Allgemeinbefinden, Temperaturanstieg begleitet von Frösteln und Kopfschmerzen, Rötung und Anschwellen der Mandeln und Lymphdrüsen, Druckempfindlichkeit der Halslymphdrüsen
**Behandlung**: Massieren Sie die Reflexzonen der Halswirbelsäule, des Schultergürtels, der Milz, der Leber, des Dünn- und des Dickdarms. Danach behandeln Sie die Zonen der oberen und unteren Lymphbahnen. Zuletzt massieren Sie die Zonen der Zähne, der Stirnhöhlen, des Nasen-Rachen-Raums und der Mandeln.
**Behandlungsdauer**: Nach spätestens 5 bis 10 Behandlungen sollte sich eine sichtliche Besserung der Beschwerden einstellen

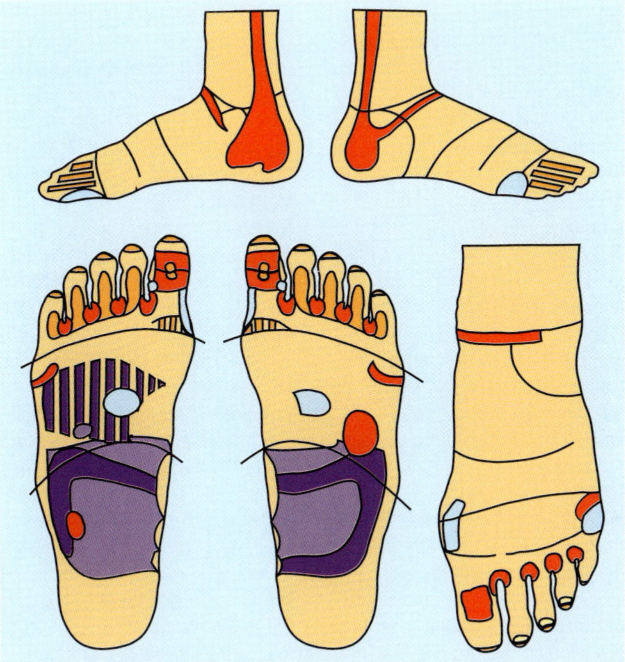

# Menstruation, schmerzhafte

Neben heftiger oder unregelmäßiger Blutung leiden viele Frauen unter schmerzhaften Regelblutungen oder Dysmenorrhö. Einfache medizinische Erklärungen gibt es dafür nicht. Wesentlich ist, dass die Schmerzen eng mit der momentanen körperlichen und seelischen Verfassung der Frau zusammenhängen. Je selbstbewusster und ausgeglichener eine Frau mit ihrem Zyklus umgeht, desto weniger schmerzhaft verläuft ihre Periode.

### Mögliche Ursachen

Die Lebensbedingungen und ihre psychischen Folgen beeinflussen die Hormonproduktion derart, dass sich die Gebärmutter verengt oder erweitert und das Blut leichter oder schwerer abfließt. Der Blutstau innerhalb der Gebärmutter führt zu Spannungsschmerzen, die über das Bauchfell an das Nervensystem von Unterleib, Kreuz und Rücken weitergeleitet werden.

Die Hormonproduktion ist nicht ausreichend (hormonelle Insuffizienz), die Regelblutung daher schwach und unregelmäßig, aber stark schmerzhaft. In diesem Fall sollten Sie zur Klärung Ihres Hormonstatus den Arzt aufsuchen.

Wenn nicht unterentwickelte Eierstöcke, eine mangelhaft ausgebildete Gebärmuttermuskulatur, ein Gebärmutterknick oder Hormonmangel die Regelschmerzen verursachen, dann ist vielfach eine unregelmäßige, stressige Lebensweise der Auslöser: Gerade Frauen sind mit Beruf, Karriere und Kinderwunsch widersprüchlichen Aufgaben und Dauerkonflikten ausgesetzt.

### Therapieergänzung

Eine entspannende Gymnastik kann bei Menstruationsbeschwerden sehr hilfreich sein, da sie Bauch-, Becken- und Rückenmuskulatur geschmeidig hält.

Legen Sie sich mit angewinkelten Beinen auf den Rücken. Üben Sie im Wechsel nur so oft, wie es Ihnen angenehm ist.

- Heben Sie jeweils ein Bein gestreckt in die Luft, und stellen Sie es wieder ab.
- Mit angewinkelten Beinen stellen Sie im Wechsel Fußspitzen und Fersen auf den Boden.
- Heben Sie den Kopf Richtung Knie, bis der ausgestreckte Arm das angewinkelte Knie berührt.
- Ziehen Sie die Knie abwechselnd in Richtung Kopf.
- Heben Sie das Becken nach oben, und legen Sie es wieder ab.
- »Fahren Sie Rad« in der Horizontalen.

**Symptome:** ziehende Schmerzen und Druck im Unterleib vor und mit Beginn der Regel, später krampfartige Bauchschmerzen, Kreuzschmerzen, aufgetriebener Unterleib, Übelkeit bis Erbrechen, Kopfschmerzen, Appetitlosigkeit, depressive Stimmung
**Behandlung:** Massieren Sie die Zonen von Lendenwirbelsäule, Schädelbasis und Scheitel. Behandeln Sie dann nacheinander die Zonen von Epiphyse, Hypophyse, Bauchspeicheldrüse, Nebennieren und Schilddrüse. Zuletzt massieren Sie die Zonen für das kleine Becken, den ganzen Bauchraum sowie für Dünn- und Dickdarm.
**Behandlungsdauer:** bei akuten Beschwerden täglich, bei chronischen Beschwerden 1- bis 2-mal die Woche in Langzeittherapie

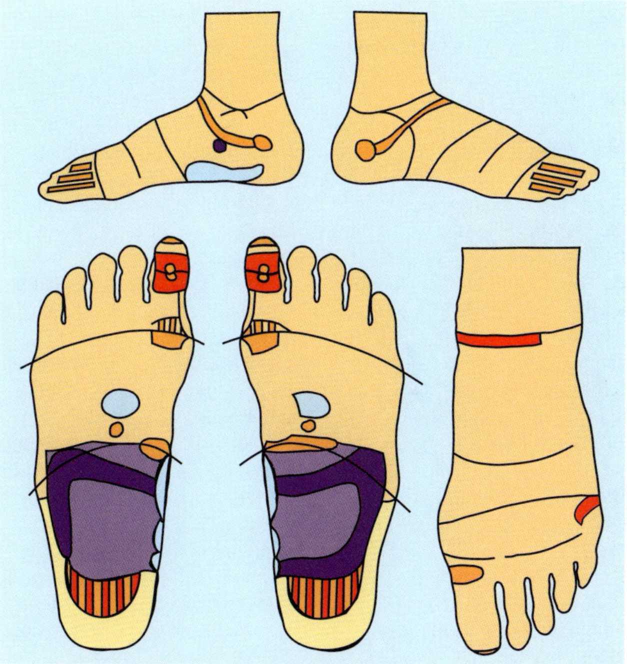

# Nebenhöhlen-erkrankung

Die eingeatmete Luft wird in der Nase angefeuchtet und angewärmt. Mit der Luft eindringende Bakterien werden in den Nasenflimmerhärchen festgehalten und beim Ausatmen nach draußen geschleudert. Reizen zu viele Keime die oberen Atemwege, kommt es zu einer Entzündung der Nasenschleimhaut: dem Schnupfen. Diese Entzündung heilt normalerweise in einer Woche wieder ab.

Weniger harmlos gestaltet sich das Krankheitsbild, wenn sich die Entzündung ausweitet und die Nebenhöhlen infiziert werden. Die Nasennebenhöhlen sind Hohlräume in Stirnbein, Keilbein und Siebbein des Schädels sowie im Oberkieferknochen. Die Stirnhöhlen liegen im Stirnschädel oberhalb der Augenhöhlen, das Siebbeinlabyrinth verläuft neben der Nasenwurzel, die Kieferhöhlen liegen rechts und links des Nasenbeins. In ihnen wird der die Atemluft anfeuchtende Nasenschleim produziert. Bei einer Entzündung schwellen die Schleimhäute an, und die Gänge zwischen Nase und Nebenhöhlen verstopfen. Das Nasensekret staut sich, verhärtet und stockt.

## Mögliche Ursachen

Nicht ausgeheilte und verschleppte Infektionen der Atemwege verursachen oft eine akute Nebenhöhlenentzündung, die schnell chronisch werden kann, wenn sie nicht angemessen und gründlich behandelt wird.

## Therapieergänzung

Trinken Sie viel, vor allem Lindenblütentee oder Fliedertee. Inhalieren Sie menthol- oder eukalyptushaltige Dämpfe. Hilfreich beim Inhalieren sind auch die ätherischen Öle von Beifuß, Arnika, Melisse und Rosmarin.

Nehmen Sie Nasenduschen: Bereiten Sie eine einprozentige, körperwarme Kochsalzlösung, indem Sie eine Messerspitze Kochsalz in einem Glas warmem Wasser auflösen. Ziehen Sie beim Einatmen diese Lösung durch die Nase nach oben.

Vorbeugend stärken Sie Ihre Abwehrkräfte, indem Sie für viel Bewegung an der frischen Luft sorgen. Achten Sie auf vitaminreiche Ernährung: Zitronen, Orangen, Sanddorn, Mandarinen, Grapefruits und Äpfel versorgen Sie optimal mit Vitamin C.

Sorgen Sie für ausreichende Luftfeuchtigkeit in Ihren Wohnräumen, denn ausgetrocknete Schleimhäute sind entzündungsanfällig.

**Symptome:** Kopfschmerzen, Druckgefühl neben dem Nasenbein, über den Augen und im Augeninnenbereich, tränende Augen, keine Anzeichen von Schnupfen, Sekretfluss in den Nasenrachen, Schweregefühl im Kopf, Geruchs- und Geschmacksstörung
**Behandlung:** Behandeln Sie alle Zonen des Atmungssystems, d.h. Lunge, Kehlkopf, Luftröhre und Bronchien. Massieren Sie dann das gesamte lymphatische System: die Zonen von Leiste, Achsel, Thymus, Milz, Mandeln und Blinddarm. Zuletzt massieren Sie die Reflexzonen von Scheitel, Nasen-Rachen-Raum und Stirnhöhle.
**Behandlungsdauer:** 2-mal pro Woche, nach 10 Behandlungen sollten die Beschwerden abklingen

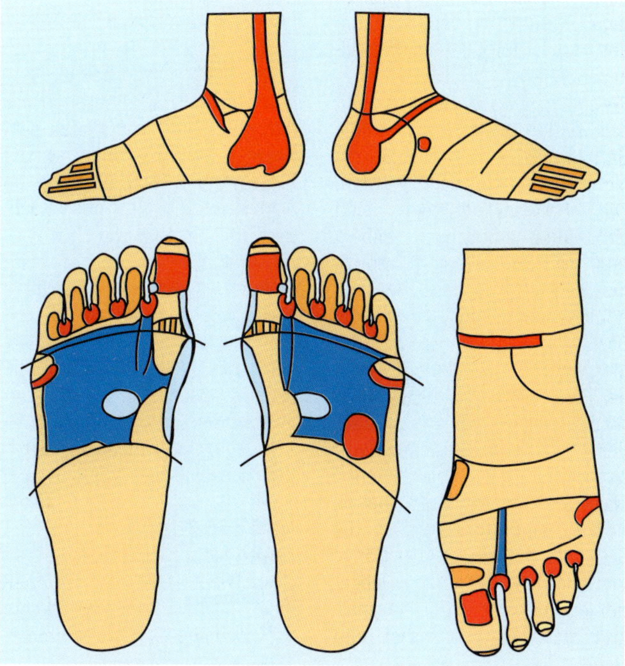

# Nervöse Störungen

»Zappelphilipp« heißt das allseits bekannte Urbild nervöser Störungen. Öfter als bei Kindern tritt es jedoch bei Erwachsenen in Erscheinung: Sie wirken fahrig, reden schnell, wechseln häufig das Thema, sind sprunghaft und unkonzentriert, können nicht ruhig sitzen, zittern an Händen und Augenlidern, schwitzen stark, haben Atembeschwerden oder klagen über Herzrasen.

Im Notfall und bei Stress aktiviert der Körper über die Ausschüttung des Stresshormons Adrenalin aus den Nebennieren ein ganzes Bündel an körperlichen Reaktionen, um das Überleben des Organismus zu sichern: Das Herz wird vermehrt durchblutet, der Blutdruck erhöht, die Atmung beschleunigt sich, und die Muskulatur wird angespannt. Der ganze Körper wird so auf sofortiges, schnelles, instinktives Handeln eingestellt.

Hat der Betreffende dann erfolgreich gehandelt und den Notfall bewältigt, wird das Adrenalin abgebaut, und die Körperfunktionen normalisieren sich wieder: Die Pulsfrequenz und der Blutdruck sinken, die Atmung verlangsamt sich, der Muskeltonus verringert sich.

## Mögliche Ursachen

Wenn der Organismus jedoch permanent das Angst- und Stresshormon Adrenalin ausschüttet, dann verselbstständigen sich die Reaktionen des vegetativen Nervensystems. Es kommt zu funktionellen Störungen – das bedeutet, dass einzelne Organe nicht mehr richtig arbeiten oder dass das Zusammenspiel der Organe gestört ist, ohne dass sich die Organe krankhaft verändern.

Wenn nervöse Zustände nicht behandelt werden, können diese körperlichen Symptome chronisch werden: Aus der ständigen Anspannung der Muskulatur entstehen Muskelschmerzen im Nacken- und Kopfbereich. Die hohe Produktion von Stress- und Angsthormonen steigert die Blutfettwerte und hat arteriosklerotische Veränderungen an den Blutgefäßen zur Folge. Wird der Verdauungsapparat über längere Dauer ungleichmäßig und einseitig belastet, führt dies zunächst zu Durchfall und Verstopfung, später zu Gastritis und Magen- und Darmgeschwüren.

## Therapieergänzung

Entspannen Sie sich. Nehmen Sie Ihre Freizeit bewusster wahr. Fällen Sie aktiv Entscheidungen, und lassen Sie sich nicht mehr von Sachzwängen kontrollieren.

**Symptome:** innere Unruhe, Gereiztheit, Schlaflosigkeit, Kopfschmerzen, ausgetrockneter Mund, Verspannungen in Schultern und Nacken, oft auch Ess- und Verdauungsstörungen, Hypotonie
**Behandlung:** Massieren Sie die Zonen von Halswirbelsäule, Brustwirbelsäule und Lendenwirbelsäule, die Schädelbasiszone und die Scheitelzone. Danach behandeln Sie die Reflexzonen der Epiphyse, der Hypophyse und des Herzes. Schließlich massieren Sie nacheinander die Reflexzonen von Leber und Gallenblase, Magen, Dünn- und Dickdarm, Schilddrüse, kleinem Becken, Nebennieren und Nieren und Solarplexus.
**Behandlungsdauer:** 1- bis 2-mal pro Woche in Langzeittherapie

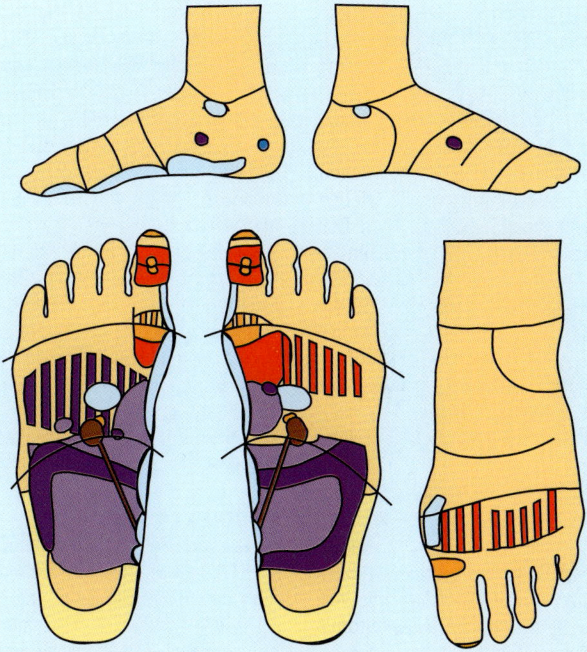

# Nierenleiden

Die Nieren sind die Entgiftungsorgane unseres Körpers. Täglich strömen 1500 Liter Blut durch sie. Aus diesem Blut filtern die Nieren rund 180 Liter Primärharn, der außer Eiweiß sämtliche löslichen Blutbestandteile enthält. Über ein Kanalsystem leiten die Nieren diesen Primärharn wieder in die Blutbahn. Zurück bleiben ungefähr zwei Liter mit aus Blut und Primärharn ausgefilterten Stoffwechselschlacken. Diese werden über die Nierenkelche, das Nierenbecken und die Harnleiter in die Blase geleitet, wo sie bis zur Ausscheidung bleiben. Über die Harnbildung regeln die Nieren den Flüssigkeits- und Salzhaushalt des Organismus. Durch die Steuerung der Harnzusammensetzung halten sie zudem den pH-Wert des Blutes konstant. Zudem sind sie an der Produktion von Vitaminen und Hormonen, an der Blutbildung, dem Knochenstoffwechsel und der Regulierung des Blutdrucks beteiligt.

## Mögliche Ursachen

Wenn der Harn kalziumhaltig ist, bilden sich Kristalle und Ablagerungen aus Kalziumphosphat oder Kalziumoxalat in den Nieren, die Nierensteine. Diese werden gemeinhin mit dem Endharn ausgeschieden. Wenn zu große Steine in Richtung Harnröhre zu wandern beginnen, stören sie den Harnabfluss, es treten Nierenkoliken auf.

## Nierenbeckenentzündung

Zur Entzündung des Nierenbeckens kommt es, wenn bakterielle Infektionen der unteren Harnwege sich ausbreiten (siehe Seite 36f.). Sie kann jedoch auch eine allergische Reaktion der Nieren auf Schmerzmitttel, Antirheumatika oder Abführmittel sein. Nach Absetzen der Medikamente bildet sich die Entzündung dann zurück.

## Therapieergänzung

Um die Bildung von Nierensteinen zu unterbinden und den Harn säurearm zu halten, ist eine Umstellung der Ernährungsweise notwendig: Verzichten Sie auf Lebensmittel, die einen Überschuss an sauren Mineralstoffen enthalten, meiden Sie salzreiche Kost, und nehmen Sie basenhaltige Nahrungsmittel zu sich. Säurehaltige und Säure erzeugende Lebensmittel sind: Fleisch, Geflügel, Innereien, Käse, Quark, zuckerhaltige Produkte, Weißmehlprodukte, Alkohol und Kaffee. Basenhaltige Nahrungsmittel sind Kartoffeln, Obst, Gemüse, Milch, Sahne und stilles Mineralwasser.

**Symptome bei Nierenkolik:** stechende, dumpfe, wellenförmige Schmerzen im unteren Rücken, Schüttelfrost, Übelkeit, Erbrechen
**Symptome bei Nierenbeckenentzündung:** starke, krampfartige Rücken- und Seitenschmerzen, Harndrang, Schmerzen beim Wasserlassen, Harntrübung, Fieber, Appetitlosigkeit, Schüttelfrost
**Behandlung:** Massieren Sie nacheinander die Zonen von Brust- und Lendenwirbelsäule, dann Zähne, Pankreas, kleines Becken außen und innen, das gesamte lymphatische System, den Bauchraum, Dünn-, Dickdarm, Solarplexus, Blase, Harnleiter, Nieren.
**Behandlungsdauer:** 1- bis 2-mal pro Woche in Langzeittherapie
**Achtung:** Bei akuten Koliken nur äußerst vorsichtig massieren!

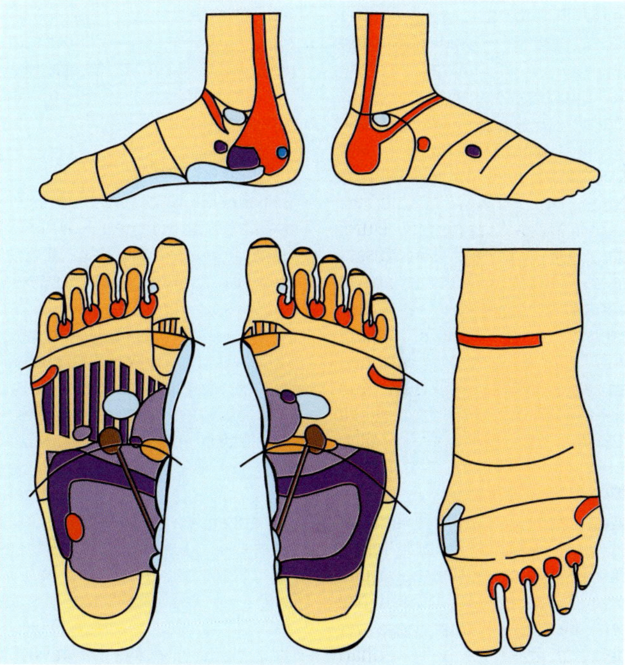

# Ohrenschmerzen

Das Ohr besteht aus drei Abschnitten: Dem äußeren Ohr und dem Mittelohr, die der Schallleitung dienen, und dem Innenohr, das den Schall in Nervenerregung umwandelt und diese über den Gehörnerv und den Hirnstamm zum Hörzentrum im Gehirn weiterleitet. Die Trennung zwischen äußerem Ohr und Mittelohr bildet das Trommelfell, eine schräg stehende, schwingende Membran. Hinter dem Trommelfell liegt die Paukenhöhle, ein Hohlraum, in dem die Gehörknöchelchen Hammer, Amboss und Steigbügel für Weiterleitung der Schallschwingungen ins Innenohr sorgen. Von der Paukenhöhle zum Nasen-Rachen-Raum verläuft ein 3,5 Zentimeter langer röhrenförmiger Kanal, die so genannte Eustachische Röhre oder Tube. Sie sorgt für die Belüftung des Paukenraums und für den Druckausgleich zwischen dem Mittelohr und der Außenluft.

## Mögliche Ursachen

Die Entzündungen der Eustachischen Röhre (Tubenkatarrh) und des Mittelohrs entstehen durch sich ausbreitende Infektionskrankheiten wie z.B. Grippe. Dabei gelangen Infektionskeime aus dem Nasen-Rachen-Raum zunächst in die Eustachische Röhre und infizieren sie. Von dort aus wandern sie in das Mittelohr, die Entzündung breitet sich in der Paukenhöhle aus. Bei anderen Infektionskrankheiten wie Scharlach oder Masern gelangen die Krankheitserreger auch über die Blutbahn ins Mittelohr.

Ein Tubenkatarrh kann auch durch Schnupfen verursacht werden: Die Schleimhäute in den Tuben schwellen bei Schnupfen an und schließen die Verbindung zum Mittelohr. Dadurch baut sich im Mittelohr ein Unterdruck auf, durch den Gewebewasser ins Mittelohr gesaugt wird, es entsteht ein Erguss.

## Therapieergänzung

Kopflichtbäder, feuchtwarme Ohrumschläge sowie die Behandlung der auslösenden Infektion sind notwendig.

Achtung: Ein chronischer Tubenkatarrh kann zu Schwerhörigkeit und Verwachsungen des Trommelfells führen. Bei Übergreifen der Mittelohrinfektion auf das Innenohr besteht die Gefahr eines Durchbruchs der Infektion ins Gehirn. Ohrenschmerzen brauchen also unbedingt Betreuung durch einen Hals-Nasen-Ohren-Arzt. Die Reflexzonentherapie darf nur als begleitende Maßnahme angewendet werden.

**Symptome bei Tubenkatarrh:** Schwerhörigkeit, Druckgefühl, der Eindruck, im Ohr sei Wasser, Ohrgeräusche, kein Schmerz
**Symptome bei Mittelohrentzündung:** starker, pulsierender Ohrenschmerz, Schwerhörigkeit, bei Kindern hohe Temperatur
**Behandlung:** Behandeln Sie zur Soforthilfe mit der sedierenden Grifftechnik (Seite 20) die Zonen der Ohren, der seitlichen Lymphbahnen und des Nasen-Rachen-Raums. Massieren Sie im weiteren Verlauf mit normaler Grifftechnik die Zonen der oberen Lymphbahnen, der Zähne, der Milz, des Solarplexus, des Nasen-Rachen-Raums, der seitlichen Lymphbahnen und der Ohren.
**Behandlungsdauer:** 2- bis 3-mal pro Woche

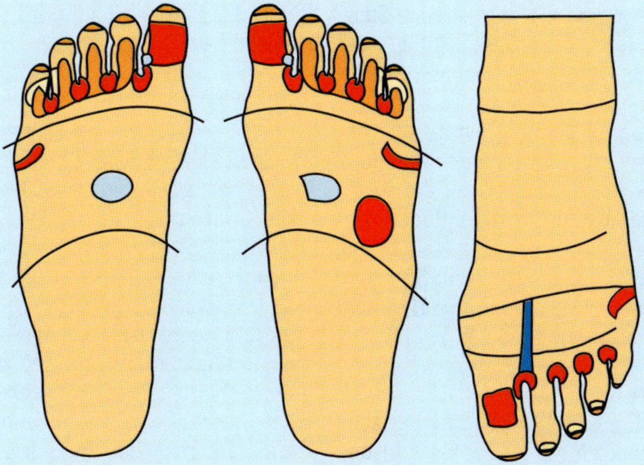

# Osteoporose

Osteoporose ist eine überaus häufige Erkrankung des menschlichen Skelettsystems. Sie zeichnet sich aus durch eine Verminderung der Knochensubstanz sowie die nachfolgende Veränderung der Knochenstruktur und geht mit einer erhöhten Brüchigkeit der Knochen einher. Jede vierte Frau und jeder zwölfte Mann leiden an dieser volkstümlich Knochenschwund genannten Erkrankung.

## Mögliche Ursachen

Kalziummangel, Magnesiummangel und Lichtmangel sind die Auslöser der Osteoporose. Kalzium ist ein Mineral, das der Körper zum Knochen- und Zahnbau, zur Weiterleitung von Nervenreizen und zur Blutgerinnung benötigt. Wird dem Körper zu wenig Kalzium zugeführt, sinkt die Kalziumkonzentration im Blut. Diesen Mangel gleicht der Körper aus, indem er Kalzium aus den Knochen löst und in die Blutbahn freisetzt. Die Knochen werden dadurch brüchig und porös.

Magnesium aktiviert ein für den Knochenaufbau wichtiges Enzym. Je mehr Magnesium mit der Nahrung aufgenommen wird, desto höher ist die Knochendichte in der Folge. Ein Mangel an Tages- bzw. Sonnenlicht führt indirekt zu Osteoporose, da er eine Unterproduktion von Vitamin D nach sich zieht. Vitamin D ist jedoch zur Verwertung von Kalzium durch den Körper unbedingt notwendig.

Da Frauen während der Schwangerschaft und nach der Menopause einen erhöhten Kalziumbedarf haben, erkranken sie häufiger an Osteoporose als Männer.

## Therapieergänzung

Entlasten Sie Ihre Knochen: Eine aktive und ausgewogene Belastung des Bewegungsapparats stimuliert den Knochenneuaufbau. Die dadurch gleichzeitig gestärkten Muskeln entlasten die Knochen. Im Fall von Übergewicht sorgt eine Gewichtsreduktion für die Entlastung des Skeletts.

Führen Sie durch die Nahrung dem Körper gezielt Magnesium, Kalzium und Vitamin D zu: Kräuter, Milchprodukte und Samen enthalten viel Kalzium, Nüsse, Vollkornprodukte, Hülsenfrüchte und grünes Gemüse viel Magnesium, Fisch, Käse und Milch sind reich an Vitamin D.

Meiden Sie Nikotin, Koffein, Alkohol, Süßigkeiten und tierisches Eiweiß, denn deren Genuss führt zu einem verstärkten Abbau von Kalzium.

**Symptome:** Reißen und Ziehen in den Knochen, diffuse Schmerzen im Rückenbereich, spontane Brüche der Handgelenksknochen, der Fingerknochen und der Fußknochen, Brüche der Oberschenkelhalsknochen, Rundrücken durch Wirbeleinbrüche im Bereich der Brustwirbelsäule
**Behandlung:** Für einen besseren Durchblutungsstatus des Skeletts massieren Sie zunächst die Zonen der Schädelbasis, der Hypophyse, der Epiphyse und der Schilddrüse. Behandeln Sie weiter die Zonen der Schultern, der Ellenbogen und der Arme sowie die Zonen der Hüfte, der Kniegelenke und der Beine.
**Behandlungsdauer:** 1- bis 2-mal pro Woche in Langzeittherapie

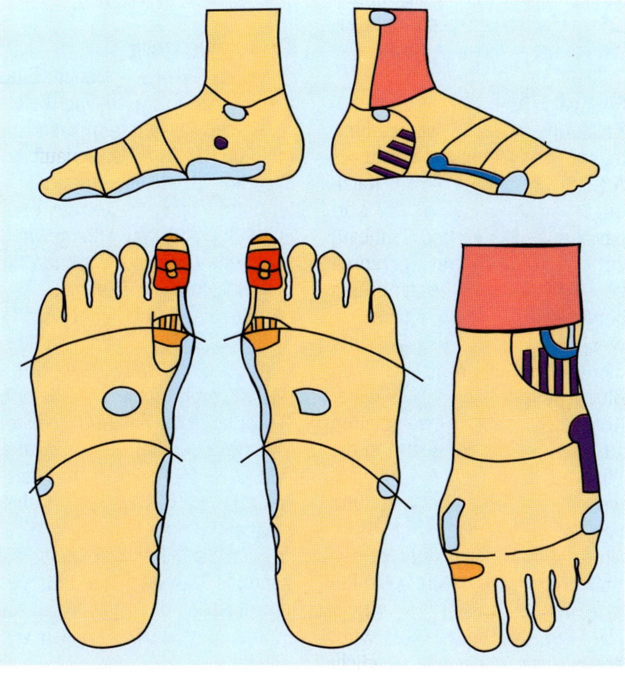

# Prostataerkrankungen

Die Prostata oder Vorsteherdrüse ist ein etwa kastaniengroßes Organ, das den Anfangsteil der männlichen Harnröhre umgibt und mit der Basis am Blasengrund anliegt. Sie ist aus 30 bis 40 Drüsen aufgebaut, die von Bindegewebe und glatter Muskulatur umgeben sind. Diese Drüsen sondern ein saures, milchiges, dünnflüssiges Sekret ab, das bei der Ejakulation den Spermien beigemischt wird. Es enthält die für das Überleben der Samen wichtigen Inhaltsstoffe wie Vitamine, Aminosäuren, Zink und andere Mineralien und wirkt bewegungsauslösend auf die Samen. Die häufigsten Erkrankungen der Prostata sind Vorsteherdrüsenentzündung und -vergrößerung.

## Mögliche Ursachen

Kolibakterien oder Streptokokken, die über den Blutweg oder durch die Harnröhre in die Prostata gelangen, rufen im Prostatagewebe eine Entzündung hervor (Prostatitis), die der ärztlichen Behandlung bedarf.

Eine ungenügend oder nicht behandelte Prostatitis kann einen chronischen Verlauf nehmen und dadurch Potenzprobleme oder sogar Unfruchtbarkeit nach sich ziehen. Zur Vorsteherdrüsenvergrößerung kommt es durch Hormonveränderungen im männlichen Organismus. Das Gewebe der Vorsteherdrüse beginnt ab dem fünften bis sechsten Lebensjahrzehnt zu wachsen. Diese Wucherung ist gutartig, aber die vergrößerte Vorsteherdrüse drückt auf die Harnröhre und schränkt den Harnfluss ein.

## Therapieergänzung

Das altersbedingte Wachstum der Prostata kann durch regelmäßige Harnentleerung, durch die Beschränkung der Flüssigkeitszufuhr, die Vermeidung von Alkohol sowie durch körperliche Bewegung verzögert werden. Wöchentliche warme Sitzbäder können zusätzlich die Beschwerden mindern. Ein starkes Immunsystem hilft, eine Entzündung der Vorsteherdrüse zu vermeiden: Damit es gar nicht erst zu Harnröhren- und Blasenentzündung (siehe Seite 36f.) kommt, ist eine Versorgung des Organismus mit Vitamin C und Vitamin A angeraten. Essen Sie viel frisches Obst und Gemüse, insbesondere Möhren, Kürbis, Aprikosen und Südfrüchte. Achtung: Beginnt der Harnfluss zu stocken, muss die innere Prostatadrüse operativ abgetragen werden.

**Symptome bei Prostataentzündung:** häufiger Harndrang, Schmerzen und Störungen beim Urinieren, blutiger Urin, Fieber
**Symptome bei Prostatavergrößerung:** Störungen beim Urinieren, Brennen in der Harnröhre, Schmerzen in der Blasengegend, Verfärbung des Urins, Schwellungen im Dammbereich
**Behandlung:** Behandeln Sie die Zonen der Geschlechtsorgane, der Prostata, der Beckenlymphbahnen, dann die Zonen der Drüsen – Epiphyse, Hypophyse, Schilddrüse, Nebennieren, Bauchspeicheldrüse und Hoden – sowie die Zonen von Harnblase, Harnleiter, Leistenkanal, der unteren Wirbelsäule und des Solarplexus.
**Behandlungsdauer:** 1- bis 2-mal pro Woche in Langzeittherapie

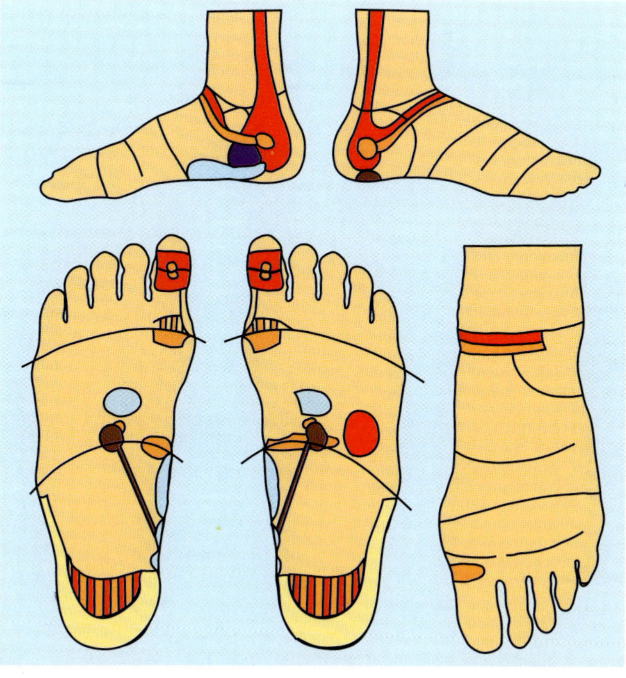

# Reizdarm

Der Reizdarm oder auch irritable Darm ist eine überaus häufige Erkrankung: Etwa 15 bis 20 Prozent der Frauen und fünf bis zehn Prozent der Männer leiden unter dieser funktionellen Darmstörung. Obwohl der Reizdarm unangenehme Beschwerden verursacht und die Lebensqualität erheblich beeinträchtigt, sind keine organischen Veränderungen an ihm bemerkbar. Nachweisen lässt sich lediglich, dass die Darmmuskulatur eines an Reizdarm Leidenden schon auf die geringste Dehnung mit einer Verkrampfung reagiert. Bereits die Einnahme einer Mahlzeit oder die Dehnung des Darms durch Stuhl oder Luft können bei Betroffenen eine Überreaktion des Darms auslösen. Ein Reizdarm liegt vor, wenn über ein Vierteljahr anhaltende chronische oder wiederkehrende Leibschmerzen bestehen, die nach dem Stuhlgang etwas nachlassen, wenn die Häufigkeit des Stuhlgangs und sein Aussehen erheblich verändert sind und wenn regelmäßig die auf Seite 97 oben genannten Symptome auftreten.

### Mögliche Ursachen

Vorausgesetzt, die Anlage zu einem Reizdarm ist vorhanden, so können folgende Faktoren die Beschwerden auslösen: eine einseitige, zucker- und weißmehlhaltige Ernährung, mangelnde Bewegung, Alkohol-, Nikotin- und Koffeinmissbrauch. Auch eine Leber- oder Gallenblasenerkrankung oder eine infektiöse Darmerkrankung kann – bei entsprechender Veranlagung – einen Reizdarm zur Folge haben. Stress ist ebenfalls oft ein Auslöser, da zwischen den Nervenzellen des Gehirns und des Verdauungstrakts sehr enge Verbindungen bestehen.

### Therapieergänzung

Es ist nachgewiesen, dass Entspannungsübungen, Atemübungen, autogenes Training und Biofeedback-Verfahren die Beschwerden vermindern. Magen-Darm-Tees gegen Blähungen und Krämpfe mit Inhaltsstoffen wie Fenchel, Anis, Kümmel, Kamille und Schafgarbe helfen, die Symptome des Reizdarms zu lindern. Führen Sie Buch über Ihre Ernährungsgewohnheiten, und meiden Sie die Beschwerden auslösenden Lebensmittel.

Achtung: Über eine gezielte Reflexzonenbehandlung ist zwar nicht die Veranlagung zum Reizdarm zu beheben, aber seine Symptome. Schon nach fünf bis zehn Behandlungen sollte sich eine deutliche Besserung einstellen.

**Symptome:** diffuse Unterleibsschmerzen, Völlegefühl, ein harter, aufgetriebener Bauch, Blähungen, wechselweise Durchfall und Verstopfung, Abgang von Schleim, veränderte Stuhlfrequenz, veränderte Stuhlkonsistenz, Darmgeräusche
**Behandlung:** Behandeln Sie die Reflexzonen der Brust- und Lendenwirbelsäule, der Epiphyse und Hypophyse, der Leber und der Gallenblase. Massieren Sie dann die Reflexzonen der Bauchspeicheldrüse, des Magens, der Nieren und des ganzen Bauchraums. Beenden Sie die Massage mit den Reflexzonen des Solarplexus, des Dünndarms und des Dickdarms.
**Behandlungsdauer:** 1- bis 2-mal pro Woche in Langzeittherapie

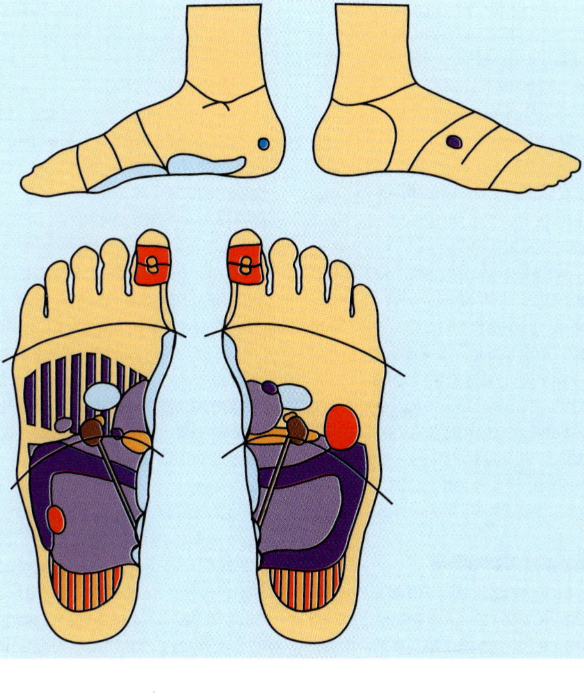

# Rheumatische Erkrankungen

Unter dem umgangssprachlichen Ausdruck »Rheuma« summieren sich alle Erkrankungen des rheumatischen Formenkreises.

Man unterscheidet anhand ihrer gemeinsamen besonderen Symptome im Wesentlichen drei Krankheitsgruppen: Den entzündlich-rheumatischen Erkrankungen ist eine entzündliche Immunreaktion der so genannten Stützgewebe (Mesenchym) gemeinsam. Die zweite Gruppe bilden die degenerativ-rheumatischen Erkrankungen. Sie sind gekennzeichnet durch Rückbildung und Abbau des Knorpels der Gelenke, insbesondere der Wirbelsäule bzw. der Zwischenwirbelscheiben, sowie durch reaktive Veränderungen der Knochensubstanz. Die dritte Gruppe bilden diejenigen rheumatischen Erkrankungen, die Rückbildungen, Funktionsstörungen und Entzündungen im Gelenkumfeld betreffen, also Erkrankungen der Muskeln, Sehnen und Sehnenscheiden, der Schleimbeutel, des Unterhautfett- und des Bindegewebes. Zu dieser dritten Gruppe, die auch als Weichteilrheumatismus bezeichnet wird, zählen ebenfalls Erkrankungen des Stoffwechsels, wie z. B. Gicht.

### Entzündlich-rheumatische Erkrankungen (Polyarthritis)

Chronischer Gelenkrheumatismus oder Polyarthritis ist die häufigste der entzündlich-rheumatischen Erkrankungen. Knapp ein Prozent der Europäer leiden daran. Ihre Symptome (siehe Seite 100) sind zurückzuführen auf eine entzündete Gelenkinnenhaut sowie auf Zysten oder Ergüsse innerhalb des Gelenks.

Während die gesunde Gelenkinnenhaut eine dünne Schicht darstellt, beginnt die entzündlich-rheumatisch erkrankte Gelenkinnenhaut wild zu wuchern. Diese Wucherung sorgt für eine erhöhte Reibung im Gelenk und verstärkt mechanisch seine Entzündung. Die Folge ist eine Zerstörung von Gelenkknorpel und Knochen. Es entwickeln sich Fehlstellungen und Verformungen der Gelenke. Die Schwellung der Gelenke beeinträchtigt zudem oftmals die Nervenkanäle: Sie werden zusammengedrückt, und die Reizweiterleitung ist unterbrochen. Es kommt zu Missempfindungen und Taubheitsgefühlen oder Kribbeln im enervierten Körperteil. Neben den Gelenken können auch die obere Halswirbelsäule und innere Organe, wie Herz, Lunge oder Leber, von der Polyarthritis betroffen sein.

## Degenerativ-rheumatische Erkrankungen

Zu diesem Formenkreis gehören nicht nur die alters- oder berufsbedingten typischen Abnutzungs- oder Verschleißerscheinungen der Gelenke (siehe Seite 58ff.), sondern auch degenerative Wirbelsäulenerkrankungen. Die Wirbelsäule baut sich aus beweglichen Wirbelkörpern und Zwischenwirbelkörpern, den Bandscheiben, auf. Diese bestehen aus einem Knorpelring, der einen Gallertkern umschließt. Sie sind elastisch und federn die Bewegungen der Wirbelsäule ab. Büßen die Bandscheiben ihre Elastizität ein, vermindert sich die Beweglichkeit der Wirbelsäule. Bei stark beanspruchten Bandscheiben kann sich der Gallertkern verschieben und auf die aus dem Wirbelkanal austretenden Nerven drücken. Man spricht dann von einem Bandscheibenvorfall.

## Bechterewsche Erkrankung

»Bechterew« ist eine chronisch-entzündliche Erkrankung des Achsenskeletts. Sie führt zu einer Verknöcherung der Bänder, der Wirbelsäule und der Gelenkkapseln. Die Wirbel versteifen zunehmend von unten nach oben. Ein Rundrücken entsteht. Durch den starren Brustkorb wird die Atmung behindert.

## Weichteilrheumatismus

Erkrankungen der Weichteile sind vornehmlich schmerzhafte Veränderungen des Bindegewebes, welches den Bewegungsapparat umgibt: Schleimbeutel, Sehnen, Sehnenscheiden und Muskeln sind dabei angegriffen. Die Gelenke verformen sich nicht, auch bleibt ihre Bewegungsfähigkeit voll erhalten. Dennoch ist die Muskulatur teilweise verhärtet, reagiert schmerzhaft auf Druck und bildet Wülste. Es kommt zu Sehnenansatzschmerzen und Verspannungen.

## Gicht

Gicht ist eine Stoffwechselkrankheit, die durch erhöhte Harnsäurewerte im Blut hervorgerufen wird. Neben genetisch bedingter Veranlagung können einseitige Ernährung, Alkoholmissbrauch und Bewegungsmangel dazu führen, dass sich überflüssige Harnsäure im Körper anstaut und Kristalle bildet, die zu akuten Schmerzattacken in den Gelenken führen.

## Mögliche Ursachen

Die Ursache von Gelenk- und Weichteilrheumatismus ist wissenschaftlich noch nicht geklärt. Krankheitserreger, die die Schwellung und den Schmerz in den Gelenken bzw. dem sie um-

gebenden Bindegewebe verursachen könnten, sind nicht nachweisbar. Da in den erkrankten Geweben vermehrt Abwehrzellen auftreten und besondere Antikörper im Blut nachweisbar sind, die so genannten Rheumafaktoren, vermutet man eine Störung im Immunsystem des Organismus als Auslöser der Erkrankung. Rheumatische Erkrankungen verlaufen meist in Schüben. Oft treten diese Schübe nach einer Lebenskrise auf. Welchen Einfluss die Psyche jedoch hat, ist noch nicht genauer geklärt.
Die Bechterewsche Krankheit wird wahrscheinlich vererbt. Ihr Merkmal, HLA-B27, ist dann vor Ausbruch der Erkrankung bereits im Blut nachweisbar. Auch bei Morbus Bechterew spielt jedoch, wie bei allen rheumatischen Erkrankungen, das Immunsystem, das körpereigene Zellen angreift, eine große Rolle.

### Therapieergänzung

Bei chronischem Gelenk- und Weichteilrheumatismus hilft im akuten Stadium meist eine Kältetherapie, ansonsten helfen auch Wärmeanwendungen zur Durchblutungsförderung, Krankengymnastik, physikalische Therapie und Entspannungsmaßnahmen. Dem bei Gicht erhöhten Harnsäureniederschlag in Gewebe und Gelenken muss mit einer purin- und fleischarmen Diät, mit reichlich Flüssigkeitszufuhr und Gewichtsreduktion begegnet werden. Heilgymnastische Übungen und physikalische Therapie verzögern eine Weiterentwicklung des Morbus Bechterew.

**Symptome bei Polyarthritis:** schmerzhafte Schwellung und Erhitzung der Hand-, Finger- und Zehengelenke, verminderte Bewegungsfähigkeit, rasche körperliche Ermüdung, Schweißausbrüche
**Symptome bei Bandscheibenvorfall:** heftige Rückenschmerzen, Störung der Reizweiterleitung der Nerven, Missempfindungen in den Beinen, Reflexausfälle, Muskelfunktionsstörungen
**Symptome der Bechterewschen Krankheit:** eventuell Regenbogenhautentzündung, Schmerzen in der Lendenwirbelsäule und den Beingelenken, Engegefühl in der Brust, Steifheit des Rückens
**Symptome bei Weichteilrheumatismus:** fließende, zu- und abnehmende Schmerzen oder Brennen im Bindegewebe, Schwächegefühl, Müdigkeit, Verschlechterung des Allgemeinzustands, Wetterfühligkeit, Kälteempfindlichkeit mit Schmerzzunahme

**Symptome bei Gicht:** plötzliche Schmerzen in den Gelenken, vorwiegend der großen Zehe, bläuliches Anschwellen des Gelenks, Erwärmung, später Ausbildung von Gichtknötchen unter der Haut, schrittweise Zerstörung und Verformung der Gelenke
**Behandlung:** Massieren Sie nacheinander die Reflexzonen des Schultergürtels, der oberen Lymphbahnen, der Beckenlymphbahnen, der gesamten Wirbelsäule, der Nieren und Nebennieren, der Milz, der Leber und Gallenblase, des Dick- und Dünndarms, der Geschlechtsorgane und des Solarplexus.
**Behandlungsdauer:** im akuten Fall 2- bis 3-mal pro Woche, sonst 2-mal wöchentlich in Langzeittherapie

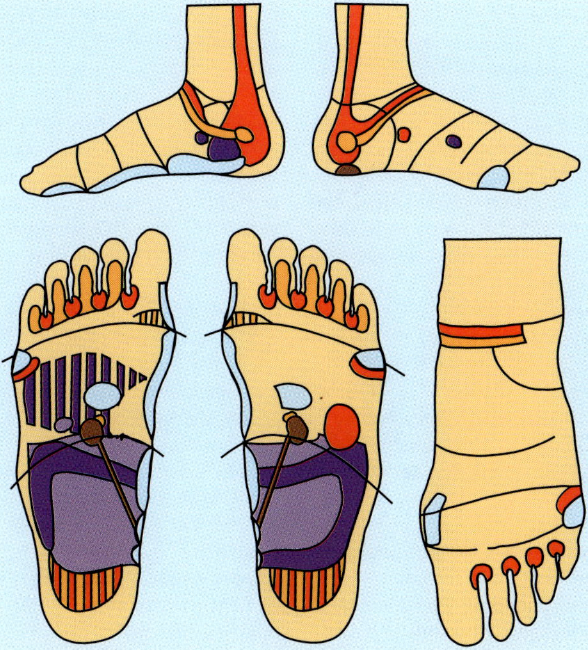

# Schilddrüsenerkrankung

Die Schilddrüse ist eine unterhalb des Kehlkopfs liegende, die Luftröhre halbkreisförmig umschließende, schmetterlingsförmige, schwammige Drüse, die reich mit Blutgefäßen durchsetzt ist. Sie reguliert mit Hilfe der Schilddrüsenhormone T3 (Trijodthyronin) und T4 (Thyroxin) den Grundumsatz des Organismus, also die Geschwindigkeit, in der die Zellen im Ruhezustand aus Nahrung Energie herstellen und diese Energie verbrauchen. Werden viele Schilddrüsenhormone ausgeschüttet, ist der Energieverbrauch hoch, bei wenigen Schilddrüsenhormonen im Blut ist er niedrig. Beide Hormone benötigen zu ihrer Herstellung das Spurenelement Jod.

Die Nebenschilddrüsen sind vier rundliche, stecknadelkopfgroße Drüsen, die das so genannte Parathormon produzieren. Es ist für die Regulierung des Kalziumspiegels im Blut verantwortlich.

## Mögliche Ursachen

Normalerweise ist die Schilddrüse von außen nicht sichtbar. Vergrößert sie sich zu einem Kropf (Struma), ist entweder ihre Hormonproduktion oder die Wirkung der Hormone der Hirnanhangsdrüse gestört. Bei Schilddrüsenunterfunktion stellt die Hypophyse zu wenig schilddrüsenreizende Hormone her, oder die Drüse kann nicht auf die Befehle dieser Hormone reagieren. Folglich treibt die Hirnanhangsdrüse durch Ausschüttung des TSH-Hormons das Schilddrüsengewebe zu stärkerem Wachstum an. Pro Tag benötigt die Schilddrüse bis zu 200 millionstel Gramm Jod. Jodmangel veranlasst die Schilddrüsenzellen zu wachsen, damit sie mehr Hormone produzieren können. In manchen Fällen ist die Unterfunktion der Schilddrüse das Resultat einer Autoimmunerkrankung: Das Abwehrsystem des Körpers stuft das Schilddrüsengewebe als »Fremdkörper« ein und zerstört es.

Sind die Nebenschilddrüsen gestört, wird zu viel Kalzium ins Blut ausgeschüttet, es entwickeln sich Nierensteine (siehe Seite 88f.). Wird zu wenig Kalzium ausgeschüttet, kommt es zu Osteoporose (siehe Seite 92f.).

## Therapieergänzung

Achten Sie auf eine jodhaltige Ernährung. Jodlieferanten sind Algen, Schellfisch, Scholle, Seelachs und Muscheln, aber auch in Spinat, Champignons, Möhren und Brokkoli findet sich Jod. Verwenden Sie jodiertes Salz.

**Symptome bei Überfunktion:** Unruhe, schlechter Schlaf, erhöhter Pulsschlag, gesteigerte Schweißabsonderung, Gewichtsverlust
**Symptome bei Unterfunktion:** Antriebsarmut, chronische Müdigkeit, Depressionen, Kälteempfindlichkeit, Gewichtszunahme
**Behandlung:** Behandeln Sie die Reflexzonen der Halswirbelsäule, der Epiphyse, der Hypophyse, des kleinen Beckens, der Nieren und Nebennieren und der Bauchspeicheldrüse. Massieren Sie dann die Zonen des Gehirns, des Solarplexus und der Schilddrüse.
**Behandlungsdauer:** 1- bis 2-mal pro Woche in Langzeittherapie
**Achtung:** Bei Überfunktion der Schilddrüse darf nur leicht massiert werden, eine Unterfunktion hingegen bedarf kräftigerer Massage.

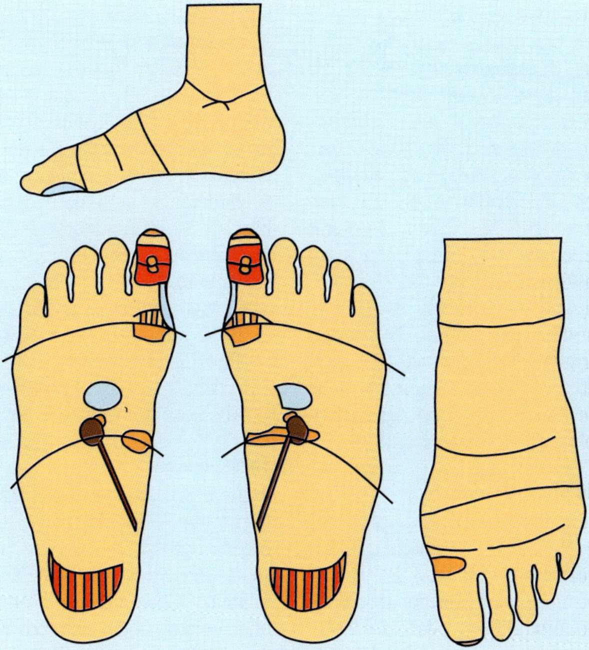

## Schlafstörungen

Für einen gesunden Schlaf ist das Hormon Melatonin verantwortlich. Es wird nachts in der an der Gehirnbasis gelegenen Zirbeldrüse (Epiphyse) produziert und in die Blutbahn abgegeben. Zwischen zwei und drei Uhr morgens ist die Melatoninkonzentration im Blut am höchsten, der Mensch liegt im Tiefschlaf. Sinkt der Melatoninspiegel, wird der Schlaf leichter. Registriert das Gehirn Tageslicht, stoppt es die Melatoninausschüttung, man wacht auf. Über die Ausschüttung von Melatonin regelt das Gehirn so den Schlaf-wach-Rhythmus. Ist Ihr Melatoninhaushalt gestört, sind Einschlafstörungen, Ausschlafstörungen oder zu leichter Schlaf die Folge. Wer nicht einschlafen kann, wälzt sich stundenlang im Bett, wer nicht ausschlafen kann, wacht bereits drei Stunden vor dem Aufstehen auf. Unter zu leichtem Schlaf leiden diejenigen, die beim kleinsten Geräusch erwachen: Sie gelangen nicht in die für die Regeneration des Körpers notwendige Tiefschlafphase.

### Mögliche Ursachen

Angst, Ärger, Sorgen, Stress und Konflikte wirken negativ auf die Hormonproduktion des Körpers und rauben so den Schlaf. Jedoch auch Medikamente, Krankheiten, falsche Ernährung und übermäßiger Kaffee-, Alkohol- und Zigarettenkonsum verursachen Schlafstörungen, denn sie senken die Immunabwehr. Das Melatonin ist dadurch vermehrt den Angriffen freier Radikale ausgesetzt.

### Therapieergänzung

Lüften Sie Ihr Schlafzimmer, und halten Sie es kühl. Gehen Sie vor dem Schlafen spazieren, das sorgt für die nötige Entspannung. Trinken Sie vor dem Zubettgehen keinen Alkohol. Er ermüdet nur kurzzeitig und bringt den Körper aus seinem Schlafrhythmus.

Machen Sie eine Kur mit Johanniskrauttee: Johanniskraut regelt den gestörten Melatoninspiegel im Gehirn, indem es die Zirbeldrüse anregt. Diese produziert vermehrt Melatonin, und damit ist ein erholsamer, tiefer Schlaf gesichert.

Einige Pflanzen produzieren Melatonin. Mit Reis, Nüssen, Bananen, Tomaten, Karotten und Sellerie sowie mit Bärlauch, Baldrian und Ringelblume können Sie die körpereigene Melatoninproduktion unterstützen.

Achtung: Nehmen Sie keine Melatoninpräparate zu sich. Sie sind nicht zugelassen und haben schwere Nebenwirkungen.

**Symptome:** innere Unruhe, Gereiztheit, Kopfschmerzen, Konzentrationsunfähigkeit, Abgespanntheit, unregelmäßiger Blutdruck, Verdauungsstörungen
**Behandlung:** Massieren Sie die Zonen von Halswirbelsäule, Brustwirbelsäule und Lendenwirbelsäule, die Schädelbasiszone und die Scheitelzone. Danach behandeln Sie die Reflexzonen der Epiphyse, der Hypophyse und des Herzes. Schließlich massieren Sie nacheinander die Reflexzonen von Leber, Gallenblase, Magen, Dünn- und Dickdarm, Schilddrüse, kleinem Becken, Nebennieren, Nieren und Solarplexus.
**Behandlungsdauer:** 1- bis 2-mal pro Woche in Langzeittherapie

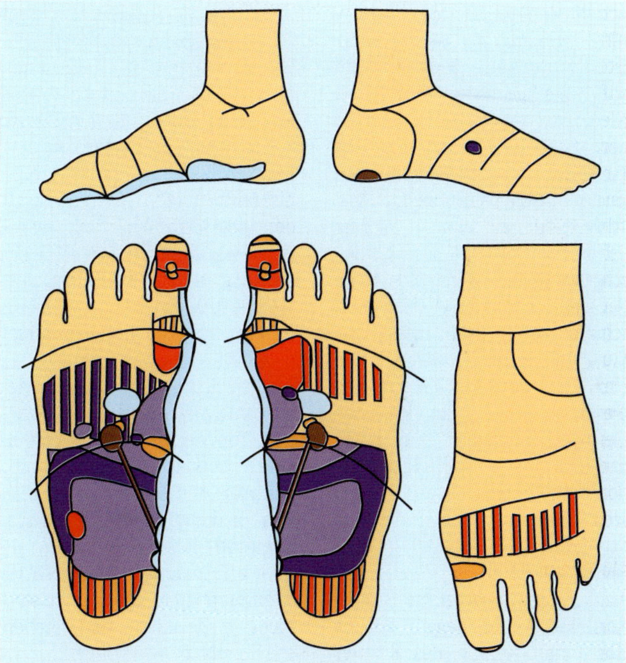

# Sehschwäche

Das Auge ist ein komplexes Organ: Es besteht aus zwei Kammern, die mit Kammerwasser gefüllt sind und von Lederhaut und Netzhaut ummantelt werden. Die vordere Kammer ist zusätzlich von einer Hornhautschicht und einer pigmentierten Regenbogenhaut (Iris) begrenzt. Durch das Loch in der Mitte der Iris, die Pupille, gelangen die Lichtstrahlen in die hintere Augenkammer und fallen auf die dort liegende elastische Linse. Der Rest des Augeninneren wird von einem geleeartigen Gebilde, dem Glaskörper, ausgefüllt. Den Glaskörper umspannt die Netzhaut. In dieser liegen lichtempfindliche Rezeptoren, die Stäbchen und die Zäpfchen. Diese Rezeptoren setzen mit Hilfe des Sehpurpurs die auftreffende Lichtenergie in Nervenimpulse um. Für diesen Umwandlungsprozess benötigt das Auge Vitamin A, denn die Moleküle des Sehpurpurs werden aus Proteinen und Vitamin A hergestellt.

### Das Sehen

Der Sehvorgang ist nur zum Teil ein optischer Vorgang: Die auf die Linse auftreffenden Lichtwellen brechen sich an der Hornhaut des Auges und fallen durch die Pupille bis auf die Netzhaut. Dort wird die Lichtenergie in Nervenimpulse umgesetzt. Diese Impulse werden über den Sehnerv zum Sehzentrum im Hinterhauptlappen des Großhirns weitergeleitet. Der optische Sehvorgang ist schwere Muskelarbeit, da die Augenmuskeln die Linse beständig in Bewegung halten müssen. Auch die Muskeln der Regenbogenhaut müssen sich anspannen oder entspannen, damit sich die Pupille dem Lichteinfall gemäß erweitern oder verengen kann.
Hat die Netzhaut die optischen Impulse in elektrische Impulse umgewandelt, ist dann der vegetative Nervenapparat für das Sehen zuständig.

### Mögliche Ursachen

Augenprobleme können physisch wie psychisch bedingt sein. Hinter Störungen des Sehvermögens können sich seelische Belastungen, Stress und Vitaminmangel, aber auch ernste Erkrankungen, z. B. Hirntumoren, Diabetes mellitus, Bluthochdruck oder Nierenerkrankungen, verbergen.
In jedem Fall sollten Sie einen Termin beim Augenarzt wahrnehmen, wenn nachfolgend genannte Symptome auftreten. Zusätzlich sollten Sie auf die Versorgung Ihres Organismus mit Vitamin A achten.

**Symptome:** Lichtempfindlichkeit, Abnahme der Sehleistung, Kopfschmerzen, brennende Augen, Mangel an Tränenflüssigkeit
**Behandlung:** Massieren Sie zur Entspannung die Reflexzonenpunkte für die Halswirbelsäule, den Nacken und die Schultern. Behandeln Sie die Zonen der oberen Lymphbahnen, der Epiphyse, Hypophyse, Zähne und Tonsillen. Schließlich bearbeiten Sie die Zonen der Nieren, der Nebennieren, des Gehirns und des Solarplexus. Zuletzt massieren Sie die Reflexzonen der Augen. Diese ziehen sich um das zweite Glied der zweiten und dritten Zehe.
**Behandlungsdauer:** 1- bis 2-mal pro Woche, eine Besserung der Beschwerden tritt nach mindestens 20 Behandlungen ein

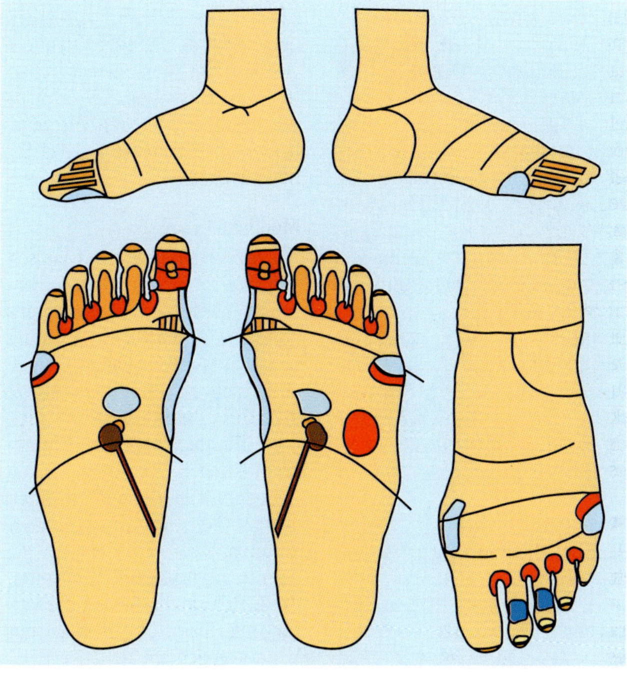

# Verstopfung

Der Darm leistet die Aufnahme der im Magen aufgespaltenen Nahrungsbestandteile ins Blut. Im Dünndarm wird die zersetzte Nahrung durch Enzyme und Gallensäuren in ihre molekularen Bestandteile zerlegt und durch die permeable Darmwand über das Kapillarnetz der Blutgefäße zu allen Zellen des Körpers geleitet. Die mikroskopisch kleinen Zotten und Epithelzellen der faltenreichen Dünndarmschleimhaut besorgen diese Arbeit. Ist der Zottenbestand der Dünndarmschleimhaut verringert oder seine Epithelzellschicht angegriffen, wird die Nahrung nicht ausreichend verwertet; wertvolle Nährstoffe gelangen in den Dickdarm. Dort filtern die feinen Flimmerhärchen der Dickdarmschleimhaut weitere Mikrobestandteile aus dem Speisebrei. Dann wird der Nahrung das Wasser entzogen. Die Bakterien der Darmflora nehmen die letzten Nährstoffmoleküle auf, vorausgesetzt sie ist intakt.

## Mögliche Ursachen

Zu den häufigsten Erkrankungen des Verdauungsapparats gehören Darmträgheit, Verstopfung, Durchfall (siehe Seite 48f.) und Blähungen (siehe Seite 34f.). Wenn Nahrungsmittel kaum gekaut den Magen erreichen, weil sie im Stress hinuntergeschlungen werden, wenn der Verdauungsapparat mit Genussgiften wie Kaffee, Nikotin und Alkohol überschwemmt wird, dann werden die Magen- und Darmschleimhäute zerstört, der Muskeltonus des Magen-Darm-Trakts wird unregelmäßig. Chronische Darmträgheit stellt sich ein, Giftstoffe und Schlacken verbleiben zu lange im Dickdarm. Das führt zum Anstieg giftiger Mikroorganismen. Sie töten die gesunden Darmbakterien ab. Die Speisereste verweilen sehr lange im Darm, es wird ihnen zu viel Flüssigkeit entzogen, und der Stuhl verhärtet sich.

## Therapieergänzung

Nur durch eine Ernährungsumstellung können Sie Ihren Darm sanieren. Vermeiden Sie Weißmehlprodukte, polierten Reis, Süßspeisen und zuckerhaltige Getränke. Nehmen Sie täglich bis zu 50 Gramm Ballaststoffe, z.B. Weizenkleie, Kartoffeln, rohes Obst und Gemüse und Vollkornprodukte, zu sich. Achten Sie auf eine gesteigerte Flüssigkeitszufuhr: Sie sorgt dafür, dass die Ballaststoffe vollständig aufquellen.
Achtung: Greifen Sie keinesfalls zu Abführmitteln.

**Symptome von Darmträgheit:** Blähungen, Sodbrennen, Übelkeit, Bauchschmerzen
**Symptome von Verstopfung:** Völlegefühl, ein harter, aufgetriebener Bauch, Blähungen, verminderte Stuhlfrequenz (seltener als alle drei Tage), veränderte Stuhlkonsistenz, Darmgeräusche
**Behandlung:** Behandeln Sie nacheinander die Reflexzonen der Brust- und Lendenwirbelsäule, der Epiphyse, der Hypophyse, der Leber und Gallenblase, der Bauchspeicheldrüse, des Magens, der Nieren und des ganzen Bauchraums, des gesamten lymphatischen Systems, des Solarplexus, des Dünn- und des Dickdarms.
**Behandlungsdauer:** 1- bis 2-mal pro Woche in Langzeittherapie

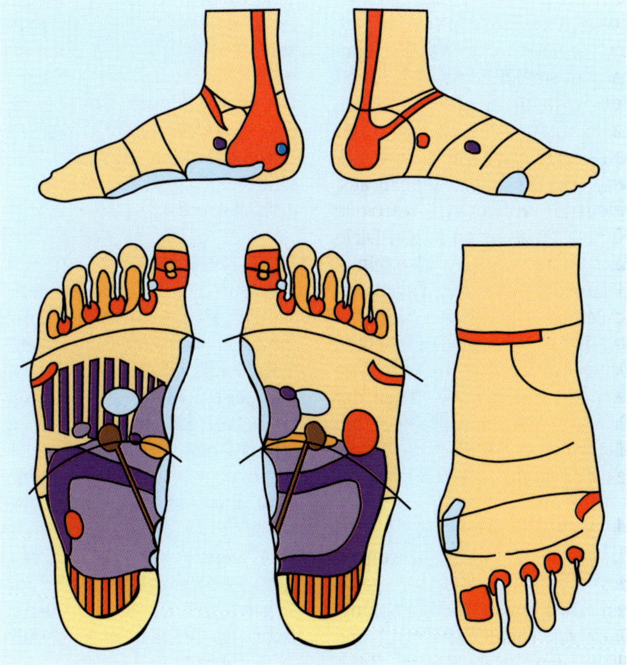

# Wechseljahrebeschwerden

Als Wechseljahre bezeichnet man die Zeit der ausklingenden weiblichen Geschlechtsreife, eine Hormonumstellung des weiblichen Organismus, die zwischen dem 40. und dem 45. Lebensjahr beginnt und nach dem 55. bis 58. Lebensjahr beendet ist. Die Wechseljahre sind keine Krankheit, sondern ein altersbedingtes Nachlassen der Leistungsfähigkeit der Eierstöcke: Sie reduzieren ihre Hormonproduktion. Dadurch fällt der Östrogenspiegel im Blut ab, und die Nebennierenrinden beginnen ersatzweise mit der Produktion von Östrogenen und Androgenen. Diese hormonellen Rhythmusstörungen führen zunächst zu ausbleibender, dann zu verlängert anhaltender Regelblutung und schließlich zu unregelmäßiger, schwächerer Periode. Sie enden mit der so genannten Menopause, der letzten Blutung. Damit einher gehen Veränderungen des Körperbilds: Die Hautelastizität lässt nach, Faltenbildung folgt, es kommt zu größeren Gewichtszunahmen.

### Mögliche Ursachen

Neben dem schwankenden Hormonspiegel beeinflusst vorwiegend die Psyche die Wechseljahre: Seelische Anspannung, Unausgeglichenheit, Niedergeschlagenheit, Unruhe, Antriebsschwäche bis hin zu depressiven Anfällen und Reizbarkeit werden häufig dadurch ausgelöst, dass sich eine Frau mit dem Nachlassen der Fruchtbarkeit als unweiblich, unattraktiv oder nicht mehr mütterlich empfindet. Partnerschaften, Beziehungen zu den Kindern und soziale Bindungen scheinen infrage gestellt. Nicht nur die grundsätzliche körperliche Umstellung braucht viel Kraft, sondern auch die neue Definition der Frau in ihrem sozialen oder beruflichen Umfeld.

### Therapieergänzung

Vermeiden Sie die schulmedizinisch gängigen Hormongaben von Östrogenen und Gestagenen, indem Sie vermehrt Vitamin E zu sich nehmen: Es hemmt den Abbau des Sexualhormons Progesteron. Da durch den Östrogenmangel im Organismus vermehrt Kalzium abgebaut wird, sollten Sie kalzium- und magnesiumreiche Lebensmittel zu sich nehmen und so eine spätere Osteoporose (siehe Seite 92f.) vermeiden. Treiben Sie Sport, und erhalten Sie so Ihre körperliche Fitness. Bei Hitzewallungen haben sich homöopathische Mittel oder eine Akupunkturbehandlung bewährt.

**Symptome:** unregelmäßiger Periodenzyklus, Spannungsschmerzen in den Brüsten, Hitzewallungen, Herzjagen, Schwindel, Bluthochdruck, nervöse Verstimmungen, Angstzustände, Konzentrationsschwäche, Kopfschmerzen, Gewichtszunahme
**Behandlung:** Behandeln Sie die Reflexzonen der Lendenwirbelsäule, der Epiphyse und Hypophyse, der Leber und der Gallenblase. Massieren Sie dann die Reflexzonen der Bauchspeicheldrüse, des ganzen Bauchraums und des Solarplexus. Beenden Sie die Massage mit den Reflexzonen des kleinen Beckens.
**Behandlungsdauer:** 1- bis 2-mal pro Woche in Langzeittherapie, Fortsetzung bei Besserung der Beschwerden

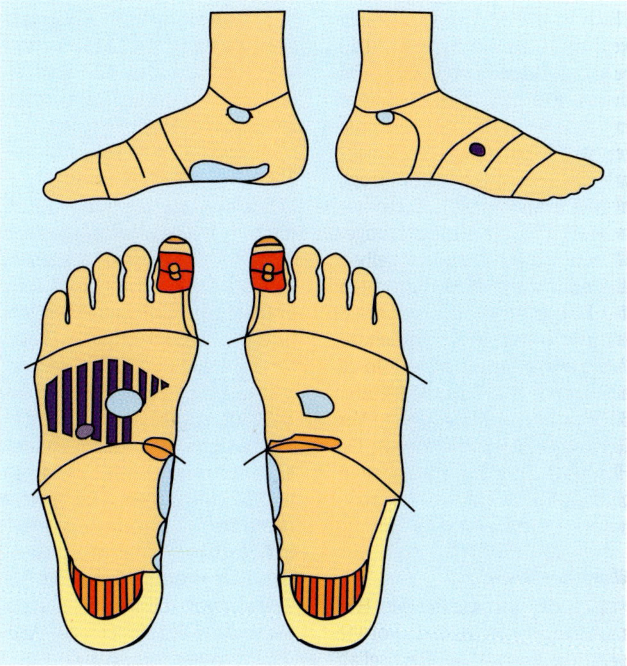

# Zahnschmerzen

Das gesunde Gebiss eines Erwachsenen besteht aus 32 Zähnen. Diese Zähne sind aus Zahnmark, Zahnbein und Zahnschmelz aufgebaut und mit Wurzeln im Zahnfleisch verankert. Über Wurzelkanäle wird das Zahnmark enerviert und mit Blut versorgt.

Zahn- und Zahnbetterkrankungen gehören zu den Zivilisationskrankheiten in der Industriegesellschaft. Weiche, zuckerreiche Kost führt dazu, dass neun von zehn Personen in Deutschland unter Zahn- oder Zahnbetterkrankungen leiden.

## Mögliche Ursachen

Falsche, zuckerhaltige Nahrung und Getränke ebenso wie mangelnde Zahnhygiene führen zu Zahnerkrankungen, Zahnfleischschwund und Wurzelerkrankungen. Die häufigste Erkrankung ist die Karies: Aus Nahrungsmittelresten bildet sich Zahnbelag oder Plaque. Sie besteht aus klebrigen Mikroorganismen, die Zuckerstoffe zu Säuren umbauen. Diese Säuren greifen den Zahnschmelz an und rauen ihn auf. In die entstehenden Risse und Spalten können Bakterien eindringen: Die Zahnfäule oder Karies entsteht. Wird sie nicht behandelt, breitet sie sich aus und durchbricht den Zahnschmelz, greift Zahnbein und Zahnmark an. Von dort aus kann sie in Kiefer, Kieferhöhlen und Muskelgewebe vordringen.

## Therapieergänzung

Für gesunde Zähne entscheidend ist nach wie vor die regelmäßige vollständige Entfernung des Zahnbelags. Mittels Zahnbürste sollte jeder Zahn auf der Innenseite, der Außenseite und der Kaufläche geputzt werden. Drei Minuten sind die Mindestdauer einer gründlichen Gebissreinigung. Sie sollte nach jeder Mahlzeit vorgenommen werden.

Hilfreich ist eine Vorbeugung mit Fluoriden: Fluoride sind Stoffe, die den Zahnschmelz härten. Sie können in Tablettenform eingenommen werden oder als Paste in die Zähne einmassiert werden. Einmal täglich, am besten abends, sollten die Zahnzwischenräume mit Zahnseide oder Zahnhölzern gereinigt werden, damit sich das Zahnfleisch nicht durch Bakterien entzündet, teilweise abstirbt oder sich zurückbildet (Parodontose).

Achtung: Eine Fußreflexzonenmassage kann nur den akuten Schmerz verringern. Sie ersetzt in keinem Fall den notwendigen Gang zum Zahnarzt oder regelmäßige Hygiene.

**Symptome:** gelbliche oder bräunliche Verfärbung des Zahnschmelzes der Kauflächen, der Zahnseiten oder Zahnwurzeln, der Zahn reagiert kälte- und wärmeempfindlich, Schmerzen im Zahninneren (Zahnbein) und am Zahnfleisch, Kopfschmerzen
**Behandlung:** Behandeln Sie zuerst die Reflexzonen der Halswirbelsäule, der Schädelbasis und des Nasen-Rachen-Raums. Danach massieren Sie die Reflexzonen der Augen, Ohren und Mandeln, schließlich die Reflexzone des Solarplexus und die Zone des betroffenen Zahns.
**Behandlungsdauer:** nur im akuten Zustand 1- bis 2-mal, anschließend unbedingt den Zahnarzt aufsuchen

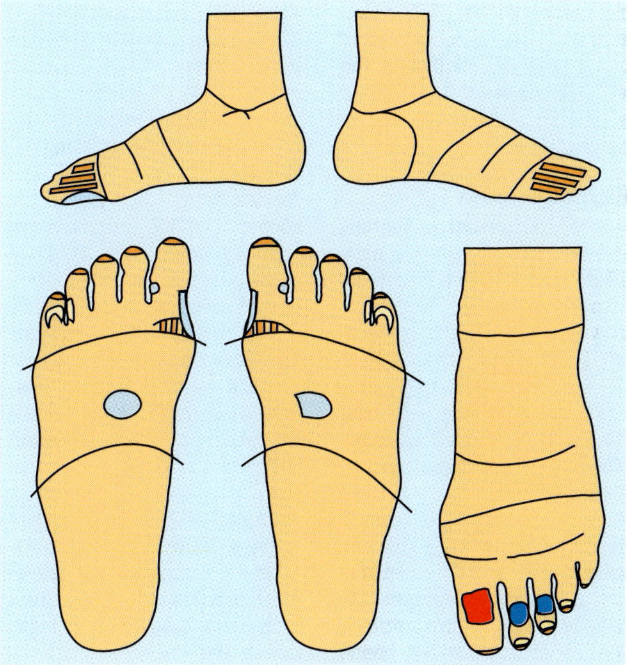

## *Über dieses Buch*

### Über die Autorin

*Gabriele Otto* arbeitet als freie Redakteurin und Autorin. Die Themenschwerpunkte ihrer Publikationen sind Gesundheit, Naturheilkunde und alternative Heilmethoden.

### Hinweis

Das vorliegende Buch ist sorgfältig erarbeitet worden. Dennoch erfolgen alle Angaben ohne Gewähr. Weder Autorin noch Verlag können für eventuelle Nachteile oder Schäden, die aus den im Buch gemachten praktischen Hinweisen resultieren, eine Haftung übernehmen.

### Literatur

*Ingham, Eunice D.:* Geschichten, die die Füße erzählen können. Drei-Eichen-Verlag. Hammelburg 1994
*Froneberg, Walter/Fabian, Gerda:* Manuelle Neurotherapie. Nervenreflextherapie am Fuß. Haug Verlag. Heidelberg 1992
*Kahle, W./Leonhardt, H./Platzer W.:* Taschenatlas der Anatomie. Thieme Verlag. Stuttgart 1991
*Kunz, Kevin/Kunz, Barbara:* Durch die Füße heilen. Anleitung zur Reflexzonentherapie. Ehrenwirth Verlag. München 1995
*Zenz, Gunter:* Lehrbuch der Reflexzonentherapie am Fuß. Haug Verlag. Heidelberg 1993

### Bildnachweis

Südwest Verlag, München: Titel (jump), 21, 22 (M. Kimming/jump);
Grafiken: unter Verwendung der Vorlagen von Gerhard Prokop

### Impressum


2. Auflage 2000



Redaktion: Jutta Friedrich
Redaktionsleitung und medizinische Fachberatung:
Dr. med. Christiane Lentz
Bildredaktion: Gaby Feld
Produktion:
Manfred Metzger(Leitung),
Annette Aatz,
Dr. Erika Weigele-Ismael
Umschlag: Heinz Kraxenberger, München; Till Eiden
Layout: Klaus Lutsch
Satz/DTP: Mihriye Yücel

Druck und Bindung:
Druckerei Uhl, Radolfzell

Gedruckt auf chlor- und säurearmem Papier

ISBN 3-517-07826-3